名家散文自选集

散文就是同亲人谈心

漂泊的心灵

张庆和／著

民主与建设出版社

·北京·

漂泊的心灵

目录

第1辑·山情　水韵

第2辑 · 庭院　香茗

第3辑·天蓝　地绿

第1辑·山情　水韵

坝上月

既然有人把灵魂视为一座建筑，我便有理由认定：这坝上月就是建筑它的材料。

今晚的月亮是和夜色同时闯入坝上的。

月轮满载着惊异，满载着慰藉，从东山坡顺势奔来。那气势，浩浩荡荡不可阻拦；那声响，轰隆隆惊天动地。我珍视这宇宙里的诞生，我谛听这天籁间的呐喊。我敢说，凡莅临坝上，目睹了此初升之月者，很难再找到不被震撼和不被惊诧的灵魂了。

月亮是一位不知疲倦的登攀者，她没有因为对它的种种赞美和感叹而沾沾自喜，而止步不前。月亮继续上升。月亮开始以她银色的光芒涂抹坝上之万物、装饰物中之灵魂了。

月光如潮。月光是被一道堤坝囚居在草原上的。坝上的月光浩浩渺渺。沐一场月光浴吧。清纯的月光水能涤去污浊，幽谧的月光水能洗去烦忧。最好把浮躁的心也掏出来泡泡，让它袒露原色，让它在本来的位置上蓬勃跳动，跳动成一种景观，跳动成一曲和谐、优美的旋律。

月亮如饵，诱惑了千般心情；月光如丝，柔柔地织成了一张巨网。我的心被这网捕捞住了，情便无处逃脱，任由这网的摆布——

我向月祈祷，我向月倾诉，我向月忏悔。

月如鼓，振聋发聩；月如号，邀群呼众；月如花，芬芳四溢；月如醇，令人陶醉……

这才是李白、苏轼为之豪饮，为之狂舞，为之放歌的月亮呀！这才是千百年来远避于坝上草原，默默地明亮、悄悄地照耀、不闻不问坝外那夜的辉煌和灿烂的月亮呀！

好一部生动的童话剧，好一支美妙的梦幻曲，好一首缥缈而空灵的诗……一切的创造和意境，都在这里孕育并生成。

月，这坝上草原之夜的主宰者，这夜色里的精灵鸟。

不要再说你是游弋于太空的一块废弃物了吧！不要再说你是抛弃在宇宙里的一具僵死的尸体了吧！凄清不属于你，孤寂不属于你。你才是那片柔抚万物、光顾众生、可饮可餐、“梦里寻她千百度”的秀色呵！

坝上月不断上升，她已经站在了生命的制高点上。尽管偶尔有几缕云丝羁绊，却很快就被她挣脱。即使有积云冲撞裹挟，也不能动摇和遮掩她慷慨赐予的万缕辉光。

这时的坝上月，晶莹如珠玉，明亮似宝镜，人世间的所有一切仿佛都在她的窥察之中。仰望此时的月，一种用纯洁修饰自己的向往油然而生，禁不住要认真盘点一番自己了：看走过的途径有几多曲折，数身后的脚印是否端正，望前方的陌路该如何选择！

选择是必然的，因为有坝上月的照耀与引导。

我相信月，相信这坝上的月；我寄希望于月，寄希望于这坝上的月。我相信自己会走向一片莹洁与美好。因为，坝上月已经高高地悬挂在我心的天空，永不陨落。

草原日出

内蒙古大草原上的这一圈兜的，那可真叫够趣儿够味儿够劲儿。然而，最够份儿的，能够深深地刺痛我视网膜的，当属草原日出那一幕了。

——题记

1

晶莹的黎明，宛若等待分娩的产妇，躺卧在墨绿色的产床上。

日出是一种诞生。人们静静地恭候着，期待着。

一片浓云飘来，恰如一件紫色衿被，轻轻覆盖上生动的躯体。

覆盖制造神秘。越是覆盖，人们越是聚精会神，那目光一刻也不肯离开殷切的等待：先是暗红，继而鲜红——

那是生命走出之门吗！它流血了，鲜红的血洇透了衿被。

诞生就是新生，是一种不可逆转的走向；诞生就是创造，是创造一切的始元。所以，诞生是美丽的，是生动的。但分娩的过程却是痛苦的。

由此，我想到了前途，想到了人类共同求索的前途；我想到了事业，想到了千千万万人所从事的伟大事业；我也想到了母亲，想到了千千万万母亲的痛苦和辛劳。

2

草原的太阳从刚刚诞生那一刻起，它便热烈地燃烧起来。

那紫色的衿被被点燃了，火焰升腾，浓烟障蔽。整个草原的大东方，仿佛被投进了一座熔炉冶炼。

草原上勤劳着的是牧民；草原上欢乐着的是牧民。

他们的情思被这熔炉的炽热温暖了；他们的炊烟被这熔炉的火焰点燃了；他们的歌声被这熔炉的光芒照亮了；甚至，连马头琴的悠扬里都融进了这炉火的质料……

于是，牧民的梦呓便随着炉火的喷薄而生动——

枣红马在碧绿的草原上奔驰；洁白的羊群在碧蓝的天空下游动；鲜艳的草原花乐滋滋地芬芳。牧鞭声脆，脚步匆匆。一切景物都和着草原日出的节拍而律动，随着草原日出的进程而次第展开。

太阳每天都是新的。从大草原升起的太阳也不例外。这是一个充满激情、充满能量和充满自信的生命体啊！

渐渐，草原朝日旋成了一张精美的唱盘，翱翔的鹰仿若那枚划响韵律的唱针。

草原的清晨，荡漾起动人的牧歌。

3

太阳踏上了云层的顶端，把瀑布般的光芒倾尽泻下。大草原被这光芒彻底涤亮了，人们的情致被这湿漉漉的瀑水完全滋润了。情不自禁，我的整个身心也融入了这草原的清晨。

太阳继续上升，像一个悬浮的红气球。它扯着一道道五彩霞云，宛如一条条迎宾的彩带，于半空挥舞；刹那间又突掷草原，蒙太奇般绽放成一簇簇婀娜的舞姿。

就这样，太阳以其不可否定的权威性，驱逐了草原上所有角落里的黑暗。

从草原升起的太阳可是那个亘古走来的大英雄吗！是谁，为什么要把它熔铸成金质的勋章，如此煊赫地缀在了蓝天的胸脯上！

穿越白桦林

走进京郊怀柔境内的千亩白桦林，我见了很多，听了很多，也想了很多。本是要写篇《穿越白桦林》诵文的，可到了坐下来动笔时，却只在纸上写了这么一句："白桦林是大自然馈赠给这里的一笔遗产"，就再也无话可说了。

怎么就写不下去了呢？是那片白桦林不值得一提吗？

白桦林的栖息地是有选择的，它必须在海拔八百米以上地域才能生长。白桦能在这里成林，足以说明它的脚步已经踏上了一种高度，无论它是怎样才攀爬上这高度的。

占据了高度者，总是希望能够被人仰视。然而我，在白桦林里却只顾走自己的路，并没抬头多望它几眼。难道就为这，白桦林才不肯给我如意之笔了吗！不给就不给吧。反正它轻浮浅薄、风中搔首弄姿、飘飘然张扬自己的那副作派和伪君子模样，原本就没给我留下什么好印象。想到这，只觉得白桦林未免也太世俗了些，太小家子气了些。它的确没有资格，也没有地方来悬挂我投以的仰视的目光的。

未进入白桦林前，我曾经这样想象：白桦林白盔白甲白戟，犹如威武的军阵。它抗风御寒，它经冬历夏；它高洁正直，它不畏强暴——它质朴轩昂的仪态，会在完全的不经意中，潜入我心灵的家园。当一缕清风拂过，洒落的阳光定会点点滴滴地弹击体肤。这时候，对于心灵干涸的人，它是一池清水；对于孤寂的人，它是一枚唱盘；对于乏味的人，它是一幅多彩的画卷；对于寡淡的人，它是一地醉人的芬芳；对于走进它抑或穿越它的人，它赐予的会是人生的一番生动的感悟和激励。

然而，这美丽的想象破灭了。它所给予的是败枝满地，是乱荆缠足，甚至连它固有的、曾被传诵过的那点秩序和蓬勃，也都不知了去向。

原以为穿越白桦林是人与自然的一次交流，彼此会生发一种心灵的抚摩：我热爱它，钦敬它；它迎迓我，簇拥我。彼此是一种欣赏，是一种检阅，是一次生命的互动和灵魂的塑造。

然而——

其实也难怪，我与白桦林只是初次相识，本来就没有什么交情，更谈不上投缘。也许，正是由于我对这陌生的白桦林过于奢望了吧，所以才如此地遭遇了它的冷漠和无礼，那份曾有的兴致才被它从希望的高点上推下了深深的谷底。

既然白桦林是祖宗的遗产，早有专属，或许我压根儿就不该不知天高地厚地对它多情的。面对狂妄傲气的白桦林，我这样想着，一时竟不知这是自慰呢，还是在自嘲。

白桦林是一道栅栏，它上遮天，它下蔽地。停步这里，生命就会被它禁锢，自由就会被它扼杀。

远游的云已经归来。银须飘飘，正静静地端坐前边的山峦。对，也许它们才是心之所向，情之所钟。继续行走吧，相信那里风光会好。

东城迪斯科

东莞几日。阳光慷慨清风慷慨热情慷慨笑语慷慨所有的山山水水草草木木都慷慨。毫不吝啬无所顾忌生动得感人芬芳得醉人一滴滴一缕缕一丛丛一片片都慷慨地亮出了自己的秀美。端给向往递给赞叹捧给了远道而来的我们。

我们是谁？喜欢舞点文爱好弄点墨爬格子码汉字痛了就哭乐了就笑神经有点脆弱甚至一折就断却以为世人皆醉我独醒不知道天有多高不晓地有多厚来这里采风到这里问景一不留神被人们叫成了作家的一帮家伙。

家伙是专指男性。不过这帮里也有不属于家伙与家伙构造不同生长着另一种躯壳的另外一帮。她们被一帮没大没小没深没浅的家伙们戏谑为“五朵金花”水灵灵盛开一路。盛开在家伙们的嘴巴上鲜艳在家伙们的笑声里至于是不是真的开在了心里香在了梦里只有心知道梦知道鬼才知道。尽管这世界崇尚认真怕就怕认真二字，但如果对什么都当真较真那肯定会被人哂之为不是傻瓜就是弱智的那类不可。

说不当真不较真其实这帮里一个个却都认真得很认真。他们认真地走认真地看认真地听认真地想认真地写。每天的日程满满登登每天的日记密密麻麻每天的思绪飞飞扬扬每天都被认真折磨得疲惫不堪即便疲惫不堪也不会怠慢认真二字。因为这里是东莞这里是东城这里是改革的前沿这里的一切成就都是被这里很认真的人们一件一件认认真真做出来的。如果不认真地去仰视它不认真地去挖掘它那认真二字就会在他们心里生出虫子凝成结石就会折磨得他们饭不思茶不想坐卧不宁。

这里的人们认认真真地种植楼房所以楼房都生长得很高很大很茁壮。它昼间和白云缠绵它夜里和星星攀谈一个个美丽的梦就在这温馨的楼房里孵化繁衍。繁衍成歌唱的鸟繁衍成翱翔的鹰繁衍成一个个现实的理想飞向辽阔和遥远……

怎么能不辽阔怎么能不遥远！你看这里的大路又直又平又宽阔路边竟有五条绿化带追随相挽。你看这里的小路细细长长曲曲弯弯一直把人们带进快乐和迷幻。你再看这里的广场被文明笼罩被美丽守护善良的棕榈树日日夜夜把它陪伴人们把这里当成了家园。人们的心灵被光明辉耀人们的心绪被晚风轻拂歌唱呀畅想呀相拥相携乘夜色一起奔赴这里尽兴地舞蹈。

唱呀跳呀舞呀。那拄着拐杖的老树嫉妒吗？不：他们正年轻他们在成长他们有理由这样消费欢快消费生机消费自己曾经的梦想。那飘弋的云彩羡慕吗？好。那就走下来掺进来一起舞一起跳一起让这方天地更加热热闹闹蓬蓬勃勃比天堂更要天堂。

不要吝啬气力吧！不要说不要碰不能碰此刻相碰的是友谊能碰的是生动碰出的是点燃的火花而绝没有碰落的创痛……

不要吝啬汗水吧！那是碰碎的月光那是惊落的星星那是一群活蹦乱跳冲出机体的小精灵……

既然冰封的岁月已经远去既然贫穷的日子已经再见既然舞池如此宽广歌声如此高亢那就可劲地唱吧跳吧。让踩过春夏秋冬的双脚跳出框框跳出冷寂跳出人生的一个个圈圈……

既然冰封的岁月已经远去既然贫穷的日子已经再见既然舞池如此宽广歌声如此高亢那就可劲地唱吧跳吧。让踩过万水千山的双脚再跨上命运的一种高度看世界赏自然朝着理想向着辉煌向远方再狠狠地抛去自己的视线……

东莞的夜色东城的灯光。晶晶地亮，铮铮地响，翩翩地舞，美美地唱。哦！一座激动生命放飞创造的迪斯科广场。

发芽的春天

大地以稚嫩的芽柄为钥匙，为人们打开了春天之门。

春天里，花裙子们把大街小巷走成了一条条悠然的嫩枝。

春天的郊野是一枚钓饵，引诱着那么多的男男女女一边挥洒着欢笑，一边急急忙忙地向它奔去。

春天是个多情的季节，每一片树叶都是翕动的口唇，只要悉心倾听，就能听出它们激动的心音。

树叶，舌般舔着三月的风雨。三月风雨如酒，树枝们醉了，树干们也醉了，并且以婀娜的舞姿招邀路人。

小草伸出灵动的舌尖，把爱春人的心舔得痒痒地醉。

阳光被来往扯动的枝叶锯成了碎末，鸟儿驮着惜春人的目光飞向了远方。

春天的绿，因渴望生长而冲撞了天空。

秋天的天，以叶片慰藉大地；冬天的天，以雪花亲吻大地。春天的天来了，大地便高举起无数的艳丽和芬芳向它致意。

古韵悠悠是晋中

晋中几日，车飞步疾。望着眼前不时飘过的一簇簇古建筑群落，身心情不由己地被迎面扑来的一串串古意笼罩。那凝固的悠悠铮弦，那停摆的叮咚驼铃，那沉睡的切切洞箫，以及尘封的鼙鼓金号，一个个先贤明哲，随着一种美好感觉的抚摩，仿佛都在复活。其形，其韵，其灵，久久萦绕不去。

榆次，是去晋中叩开的第一个门户。

说起榆次古城，曾经有过一段难忘的遗憾。十多年前，作为单位的工会主席，我曾陪同离退休老同志有过一次山西游。那一次，大家看晋祠，寻祖根，走五台，谒佛洞，当然，已经热映过的“乔家大院”是不能不去的，甚至连峭壁上的悬空寺也没有错过，偏偏这个榆次，事先却没有被列入计划。那天已近黄昏，当车过榆次时，人们曾惊叹地问：这是什么地方？古意缭绕，状若仙境，好壮观好气派呀！延安时期，曾经做过新华广播电台第一代播音员的王恂先生了解这里的情况，他给大家概述了榆次的古老、历史沿革和传说。由此，我对榆次才略知一二，同时也为那次没能和大家一起游历古城而深感遗憾。

走进榆次老城，似乎这里正在举行一种什么仪式。锣鼓喧天，人们穿红戴绿，各式奇装异服纷呈。扭的唱的，跑的跳的，抬亲的迎嫁的，妆丑的，扮靓的，表演的，旁观的，老老少少几乎挤满了街巷。看得出，这是主人专为客人的到来而设，其用心可嘉。但我等一行急切的是企图走进老城内部，去领略它的千年风貌，聆听它的古老韵味，对其盛情没敢过多逗留。

榆次古城，雄伟，排场，且寓政治、宗教、商业、民居于一体，其年岁超过北京故宫近一百年。它既是兴建者处境、情境的外化，也是设计者和建造者高超技艺的展示，堪称国之瑰宝。其实，往深处看，它的地下还有一城，即猫儿岭古墓群。这是一座精美的地下建筑群，踏进这块宝地，仿佛听到了春秋战国的人喊马嘶，也似乎看到了秦汉争斗的刀光剑影。我想，也许正是这座古墓群，有如先人埋入地下的一粒粒种子，那种子继而生根，发芽，长叶，才长成了榆次这座地上古城，被后人仰慕。

站上榆次古老的塔楼眺望，那被仰慕者就真的移步走来了。

那是留下巨著《三国演义》的罗贯中吗？他长袍加身，衣袂飘飘。是刚刚走出祁县老宅正准备远行漂泊，还是晚年回归故里河湾村的疲惫身影！

那是负荆请罪的廉颇老将军吧？他来了，坐骑蹄声嗒嗒，大刀映日辉月。老将军攻则取，守则固，百战百胜，威震天下，时称一代“战神”。晋中榆社县城西二里处那个依山傍水、风景秀丽、民风淳朴的小村庄——廉村，正是将军老家。

将军挥剑，文士持笔。接着，一大群晋中英豪组成的名仕方队也紧跟着走来了，其阵容磅礴，步韵铿锵——

他正是“三国”里巧施“美人连环计”的王允。王允家在祁县，一座被人们祭拜了两千多年的“王允墓”，述说着他的忠贤、智慧与不朽。

诸葛亮神机妙算，几度出祁山伐魏，对他却无可奈何。见久攻不下，只好退兵而去。这个以少拒多的守城名将就是郝昭，为榆次区人，《三国演义》曾给了他浓浓的一笔。

还有“诗佛”王维，“诗王”白居易，“花间鼻祖”温庭筠等文人墨客，都是祁县人。他们或“鸡声茅店月，人迹板桥霜。”（温庭筠）；或“同是天涯沦落人，相逢何必曾相识。”（白居易）；或“遥知兄弟登高处，遍插茱萸少一人”（王维）。他们个个才华横溢，学富满车，终生为诗，好诗佳句流传千古。

祁县多才俊，晋中广贤士。绵山是一定要去的，因为这山里有一位人人皆知、念念不忘的历史名臣——芥子推。

芥子推，春秋晋国人，忠良贤智，彪炳青史。在追随晋文公流亡生涯途中，他曾“割股啖君”，后又“功不言禄”而流芳千古。到得绵山方知悉，原来芥子推就安葬在这里，并且比较完整地了解了清明节和寒食节的来龙去脉。

我们常说人民伟大。其伟大就在于对那些为国家、为百姓做过好事、有过贡献、清廉守德之人总是念念不忘，并且要想方设法予以各种形式的怀念：端午节里的屈原，清明节里的芥了推，如果不是人民自觉情愿地世代传续，任由君王圣敕，恐怕也难以承继。

窃以为，无论大自然馈赠的礼物，抑或文明时代的珍贵遗存，一景一物都是有灵性的。你对它恭敬，它必以恩泽惠报。晋中的山山水水，路遇的先贤明哲们，你们自管安坐祭坛，且受我深深一礼，以弥补沿途匆忙拜谒不周之过。

关于火

火——

你自莽原生成，你从远古走来；你承载着灵慧，你裹挟着激情，一路踏歌而行。

那驱逐寒凉、温暖人间的是你吗；那抵御黑暗，照彻心灵的是你吗；那焚毁愚昧，涅槃文明的也是你吗！

你是腐朽和芜杂的天敌；你是开拓和进取的助手。

作为圣火，是你点燃了一场场拼搏；作为焰火，是你为喜庆增添了快乐。有了你，人们尽享了生活的美味；有了你，世界不停地激动蓬勃。

还记得儿时摇曳村头的缕缕炊烟吗？那浓浓的乡情是火点燃的。还记得元宵节小伙伴们羡慕追逐的盏盏花灯吗？那欢快的童趣是火满足的……

因而，我赞美火，我热爱火，我需要火。

火般的热血涤亮火般的青春，——一个个燃烧的生命被历史歌吟；火般的事业冶炼火般的岁月，一段段火般的故事映照火般的生活。

我们处处被火围绕，我们时时被火指引；我们因火而健康成长，我们缘火而繁衍生存。灯火照亮了我们觅求知识的夜路；灶火使我们吮足了大自然赐予的丰富营养；而烛火，则把生命一节一节地举上人生的高度，让我们时刻把前路瞭望。

不堪设想，没有火的世界该是多么荒芜，没有火的人生该是如何寂凉。

然而，有时我却十分地痛恨火。

比如那燃烧了数千年至今仍不肯熄灭的战火；比如那被世代习惯了的“州官放火”；比如那隐匿在贪婪者灵魂内部随时都会纵容假恶丑出笼的鬼火；比如那用意歹毒、乘人不备的深夜纵火；比如那居心叵测的煽风点火；比如那缘于性格缺陷，莫名其妙地胡乱喷发的无名之火；还有随时会突降人间的那种缘不慎而失火，缘无知而走火，缘不礼、不良而导致的邪火、玩火，以及那数不清的从旁门左道里随时可能冲撞而出变异了的火，火，火……

哦，火——

你这叫人又爱又恨、多不得也少不得的精灵呵！你这使人又求又防、远不得也近不得的光芒呵！

关于“水的职称”说明书

水也有职称，完全是一种自然形成状态，并非人为的评定或赐予。

水的职称基本可分为动态、静态和气态三大系列。在各自的系列中，又分为初级、中级、副高级和正高级四个档次。

先说动态系列。动态系列从低到高排序为：泉、溪、河、江。

泉是动态之水的童年期。它虽然天真幼稚，但其未来可长可短，可大可小，前途不可估量。人们对待它往往喜爱有加，庇护有加。在它面前，有时会使人产生一种发现新生的感觉。

溪是动态之水的少年期。此时的它清纯可爱，小鱼小草小水鸭是它最好的伙伴。它虽浅，却浅得透明；有时也爱拨弄个浪花什么的，但终不会形成大碍、大害。所以，人们对它都能善以待之。

河是动态之水的青年期。它富于想象，勇于创造。有时它是人类的朋友，能帮助人们做很多好事；有时它是人类的敌人，会咆哮，会肆意妄为，会给人们带来灾难。但只要人们掌握了它的脾性，使其多积善德，少行恶事，还是能够做得到的。

江是动态之水的老大，也是该职称系列的最高一档。它精力充沛，奔腾不息，从不间断自己的追求，具有动态之河所没有的那种力量。它的目标是大海，因为它知道，只有那里才是生命永存的最好选择。

其次是静态系列。静态系列当指塘、湖、海、洋四个职别。

塘是池塘，村村寨寨哪里都有。人们离它很近，因而它给人们的生活提供了不少方便。小的时候，我之所以学会了游泳、打水仗，交上了水朋友，都是它的赐予。塘是我在故乡成长的一片难忘的亲密和温柔。

湖是湖泊。想跨入这个职档并不容易。想想看，全中国，乃至全世界也没有多少，至于那些名湖名泊就更是凤毛麟角了。

海是大海。它容纳百川，吞吸万物。人世间的所有酸甜苦辣，还有什么浊流污水，它都能容之纳之，并以其自身所具有的强大功能，再化之合之。人们啊，当您来到这个世界后，也许什么都可以忘记，但千万不要忘了自己所制造的那么多垃圾，正是因为有了海的帮助，这世界才幸免了那种难以消除的恶臭与肮脏。

洋是汪洋，它是静而不静之水。由于它远离人群，大多数人对它还比较陌生，见识它，了解它，真正的认识它，还尚须时日。故不赘言。

至于气态系列，当推人们所熟悉的雾、云、虹、霓了，这也是动态和静态之水的一种升华。

这一系列，有如人的精神状态，它无时限，分布广，来去自如。当然，由于这一系列毕竟是以一种柔性形态呈现的，所以，人们常要把它视作景观，视作艺术，予以仰视之，想象之，寄托心情之。

总观这灵性的，且赋有职称级别的水，它们不争不抢，不离不散，各司其职，精诚合作，实乃和谐有序。不像人世间的有些蹊跷，人为的因素太多太多：分明是一条小沟小溪，却非冠以大江大河之名衔；分明是一片云、一道虹，却非要把人家往池里塞，往塘里按。也不像有些聪明人，凭借着自己所占据的有利地形，随意操控和糟践“规则平等”。或者朝别人打冷枪，或者把手伸得老长老长，专取摘枣子、摸桃子的角色。直闹得人世间失了序，乱了套，乌烟瘴气，几乎没有了好人的地盘。

观山思古在武夷

柳永是北宋词坛高手，武夷山是他的出生地。到武夷山不去见见柳永，肯定会留下遗憾。于是，在同行的人们拜谒朱熹的路上，我独自拐弯，走进了柳永纪念馆。

这是一尊大理石雕像：风尘仆仆的柳永刚刚步出家门。

柳永要去哪里？他一生颠沛流离，居无定所，不是自谓“流浪词人”吗！难道那尘世的风风雨雨并未使他疲惫，依然眷恋着家外的万千风景！

武夷山碧水丹山，人杰地灵，曾经孕育生成了许多动人的故事和传说。历代达官来这里印下过足迹，无数文人到此地留下了墨宝。然而，那个适应着当时都市的繁荣和小市民的需要，突破了小令的局限，继承了唐代民间乐曲传统，发展了唐代民间慢词，开疆拓土，从而奠写了宋词昌盛基础的柳永呢？在这里，除了这座新建的“柳永纪念馆”，再没有关于他的任何一点踪迹。

不用了，只留下那么多优秀作品就够了。历朝历代，不是有很多权贵企图自己不朽吗，他们这里题字，那里竖碑，但真正留在人们心里的又有几多呢！然而柳永：“衣带渐宽终不悔，为伊消得人憔悴。”当今能识几个字的，谁不记得他的这一名句！

公元九八七年，柳永出生在武夷山（当时叫崇安）。早在幼年时，他便跟随做官的亲人远去了宋都开封，从此就再没有回归过故里。

柳永有一首叫做《鹤冲天》的词，其中有这样一句：“忍把浮名，换了浅斟低唱。”关于这首词产生的背景，民间有这样一种传说：柳永所处的时代，是北宋王朝经济发展的最高峰期。为了迎合小市民的心理，博取歌妓们的资助，他写的词有些的确是无聊之作，因市井流行，一直传到了宫廷内，连仁宗皇帝都知道他的名字。柳永家族几代为官，柳永也是想做官的，大约三十岁时，他曾去应进士试，并且考中。但到发榜时，皇帝却把他革掉了，说：“此人风前月下，好去浅斟低唱，何用浮名？且填词去！”

柳永做官的愿望破灭了，从此就让自己的生命动力转移到了“忍把浮名，换了浅斟低唱”，以结交青楼的红颜知己为人生慰藉，把为歌女填词作为流浪生活中的一种职业。毋庸置疑，在他写下的无数庸俗、猥亵的文字的同时，其中也不乏大量脍炙人口的名章佳句。如：“执手相看泪眼，竟无语凝噎。”“多情自古伤离别，更那堪，冷落清秋节。今宵酒醒何处，杨柳岸，晓风残月。”等等。篇篇章章，写伤离怨别之情，诉相思怀念之苦，叹人生失志之悻，以及春女善怀的情愫，都得到了淋漓尽致的宣泄。

当然，柳永的才气除受到了皇帝的亵渎，其后来的一些风流韵事也曾被同代，以至后来的一些文人墨客所斥责，尽管他们并不否定柳永对宋词写作手法的贡献之大。据说苏轼就很看不起柳永，但当读到《八声甘州》中的“渐霜风凄紧，关河冷落，残照当楼”的句子时，也不由发出了“此语于诗句不减唐人高处”的赞叹。

柳永出身宦门，是富家子弟，但他对劳动人民的疾苦是怀有一定同情心的。已经不太想当官的柳永在他快五十岁时，却又当了一个管盐的基层小官。他曾写过一首名为《鬻海歌》的诗：“鬻海之民何所营？妇无蚕织夫无耕。衣食之源太寥落，牢盆鬻就汝轮征。”在诗中，当柳永具体述说了盐民们十分艰苦的制盐过程，以及如何受地主、官僚和奸商的欺诈、剥削的不幸遭遇之后，接着便愤怒地控诉：“周而复始无休息，官租未了私租逼，驱妻逐子课工程，虽作人形但菜色。”

这是一首很难得的诗，足以反映了他同情劳动人民，痛恨官府奸商，“洞悉民疾，实仁人之言”，富于人民性的思想感情。

柳永走了，永远地走了。望着他栉风沐雨的背影，我情不自禁地感叹——假如柳永在见到皇帝时会讨好权贵，也能“云想衣裳花想容”地来一番曲意逢迎……假如柳永试进被革名之后，不灰心，不泄气，能洗心革面，不自毁“长城”……假如柳永出生在九百六十年之后，正赶上延安的那篇《讲话》问世，并且能把他“引导”一番……

凭他的才气，凭他的坦诚，凭他的良知……然而，命运只给柳永做了一种安排：他穷困潦倒，死在了一座寺院里，连棺材都买不起，是众歌妓闻讯后，集资安葬了他。

这就是他——一个才华横溢而不得志的柳永；一个四处流浪、几乎乞讨为生的柳永；一个为宋词昌盛做出了巨大贡献的柳永；一个令人钦敬又使人惋惜的柳永；一个被后人争议着的柳永……

海边，望着浪花

浪花呀　疾首顿足
使劲拍打岸的胸脯
哦　大海在倾诉

墙皮剥落的石堡，被高岭土死死堵住“嘴巴”和被强盗的利刃砍断“手脚”的岸炮；还有那座仿佛被挖掉眼球、正木木地瞪着天空的销烟池。

惨烈的岁月曾经把这里踩得痛不欲生；沉重的历史曾经压得它气喘吁吁……

而林则徐呢？那个身着官服，头戴顶戴花翎，面色凝重，右手抚须，一副威严端坐、大义凛然，曾经伟岸在小学课本里的钦差大臣呢？那个屹立在中国思想的制高点上，以变革求新的眼光打量世界的先贤明哲呢？

终于，这一切都实实在在地叠现在了我的眼前。

这就是虎门炮台。

探访这片中国近代史的始源地，祭祀在这里为国殉难的英雄儿女，曾经是我许久的心愿。

仰望着眼前的一簇簇雕像，触摸着被战争的牙齿啃噬留下的斑斑伤痕，我的目光不觉抛向了那个浴血拼杀的战场：

虎门的布防，不谓不周；清军将士不谓不勇。然而他们却失败了，败得很惨，数千忠勇无一生还，全部壮烈牺牲在了这里。

这是为什么呢?

长长的虎门炮台弯曲着，宛若一个大大的问号。在问天，在问地，似乎也在问来到这里的每一个人。

逝去的人是悲壮的。但那是一个朝代制造的罪恶，是整个中华民族经历的灾难。

在鸦片战争纪念馆里，有一处浓缩的且被现代科技手段再现的战斗场景：火光冲天，炮声隆隆，数千将士正殊死格杀；浓浓硝烟弥漫着，遍地尸体纵横着……

清军将士对那场战争的胜利本是充满希望的，而他们可曾想到，飞舞的大刀怎能抵得过先进的洋枪，热血澎湃的胸膛哪里抗得住牢固的舰盾。正当勇士们期待援兵，准备最后一搏的时候，他们又哪里能想到，那些贪图安逸富贵、苟且偷安、屈膝求和的朝廷奸佞，如何容得下此等刚烈。所以，首先被出卖的正是这些国家忠良。就这样，以中华民族血液里的英雄气质灌溉养育的一批最优秀的男儿，一个个都倒在了挣扎、绝望之中。

这里的花，无不浸润了烈士的鲜血；这里的叶，无不为他们沉痛哀悼……

浪花呀　疾首顿足
使劲拍打岸的胸脯
哦　大海在恸哭

是的，从根本上说，杀死他们的，不是英军，也不是英军的坚船利炮，而是清王朝自己。是朝廷里那些吮尽人民骨髓的昏庸的权力持有者，是那个喂养着无数蛀虫的腐朽污浊的社会渊薮和那个极不合理的社会结构。

海潮退去了，岸边走来一群捡拾贝壳的少男少女。他们嬉笑，他们追逐，他们不时地弯腰拾起一枚枚喜悦，抑或扬手放飞心中的满足……

这是一群天真活泼的孩子呀！

此刻，也许他们不会想到那段历史，也不会记起那场战争。

是啊，有谁不想把那段民族的屈辱尽早忘却呢？然而，人们却无法忘记！

浪花呀　疾首顿足
不停地拍打岸的胸脯
那是大海在叩问
是历史在嘱咐……

后石坞的松

我敢说，只要走进泰山后石坞，目睹了那里千奇百怪、惊心动魄的一群群古松树，心灵深处就难免会有一种叫做感慨和咏叹的东西来回闪现，使人久久不能平静。

我是揣一颗景仰之心去感叹这些古松树的。

听泰山管理区的植物专家介绍，判断泰山后石坞的松树是否为古松，只要看看松树们的梢头就知道了。百年以下的松树，它们的生命力正强，树梢向上，直刺云霄，一棵棵就像十七八岁的小伙子，无所顾忌地伸枝展叶。而那些百年以上的松树们，极像人世间历经沧桑的长者，树冠低垂，顶部平整如削，仿佛参透了什么，似在恒守着什么。据此而论，后石坞的松树当以古松居多。

这些古松树，有的峻拔挺立，有的匍匐威严；有的屹立危崖傲视，有的深居壑谷翘望；有的树树相觑，亲如姐妹，有的孤行独尊不可冒犯；还有的数松裹挟，枝丫互挽，难分彼此……一棵棵，一簇簇，或枝挺若剑，或握拳欲搏，宛若一幅幅战场厮杀的留影。

那一定是个雷电交加的黑色夜晚，一道闪电直刺松群，紧接着从黑暗中蹿出的风魔挥舞雨鞭，朝着松树们狠狠地抽打。一定是后石坞的松林卫士了，在大自然的劫掠面前，一个个勇敢地站了出来，冲了上去，誓死迎战，英勇拼杀：松骨被击残了，松肤被撕破了，松臂被摧折了，松冠被掠走了……松树们所面临的残忍，一点也不亚于人世间所遭遇的疯狂。而那些从劫难中幸存下来的松树们，它们并没有因这不幸而退缩，而怯避，而是更坚强，更刚毅，高举着生命意志的火把，从未停止过向上攀登、向前挺进的努力：那些被打断身骨的，附地重生，状如威猛卧虎；那些被击毁臂膀的，曲曲折折，形似飞龙腾空；那些被掠走顶冠的，重展枝丫，神若大鹏振翅……一簇簇，一尊尊，于陡坡，于崖畔，于深谷，于峭壁，日日夜夜，不停地高唱生命之歌。

有虐杀就会有反抗，有反抗就会有豪杰，后石坞的古松们堪当树之楷模。它们在不幸中赢得大幸，在劫掠后获得再生，直至生命的另一种状态，成为一簇簇令人感佩不已的景观：如画，它们美丽着人们的眼目；似歌，它们愉悦着人们的听觉；若诗，它们浸润着人们的心灵……这是奖赏，这是礼赞，这是后石坞的松树们的荣耀。

在后石坞元君殿的左后侧伫立着一棵叫做“护殿松”的古

松树，为保护元君殿曾经立下过大功。

传说中的元君殿是泰山碧霞元君修炼和休栖的地方。那里草木葱茏，芳菲宜人；响泉叮咚，流韵潺潺。那是1998年盛夏的一个下午，后石坞突降暴雨，山洪顷刻直泻。具体是一个什么时刻人们已说不清楚，只听得一声山崩般巨响，一块两千多斤重的大石块随之从百米多高的山体脱落，直向元君殿砸来。说时迟，那时快，就在跌落的石块临近元君殿的刹那，正是那株挺拔的"护殿松"把飞落的石块阻挡了一下，迫使那石块改变方向，确保了元君殿安然无恙。我曾目睹了那块石头，长方形，至今还平躺在那里。

那一次"砸殿"事件的结果是：元君殿的东外墙上留下一些星星点点的小坑，据说那是由于落石撞击树干时迸飞的碎块所致。而那棵忠实、勇敢的"护殿松"的躯干上，却被石块砸出一个明显的树疤，成了被记忆的符号。

这惊心动魄的一幕，人们可以理解为是一种巧合。只是不知道伫立在那里的"护殿松"是大自然的一种安排，还是当初的建殿者预测到了数百年后元君殿会有这么一劫，才特意植下了一棵松树，并起名叫"护殿松"的，人们不得而知。

陶铸曾写过一篇叫《松树的风格》的散文，如果他得知"护殿松"这一壮举，他该做何评说，他的文章里又该增添些什么内容呢！记得京剧交响乐《沙家浜》里有一句唱词，"要学那泰山顶上一青松”。其实泰山顶上是没有什么松树的，山顶的松树早被传说中那个贪婪、嫉妒的“柴王”拔掉扔下后山去了。所以，要看泰山的松树，就到后石坞去，那里古松遍布，姿态万千，有很多松树还没有名字，正等人去为它们命名呢。

客家土楼

土楼很土，土夯土筑。是一群与土地为伍，靠土地繁衍，脚板踩着泥土，身上流着汗土，在土地上仰望，在土地上畅想，缘土地而放飞理想的客家先人们，群体意志的凝聚和智慧的结晶；是客家人大迁徙留下的一个又一个深深的脚窝；是摇曳在客家人心灵深处的一簇风景。

土楼很圆。圆圆的围墙，圆圆的巷道；圆圆的企盼，圆圆的向往。没有开始，也没有结束。这里养育、成全了客家人一代又一代优秀儿女，也圆了客家人一代又一代圆圆的梦想。土楼是客家人永远的心灵崇拜和精神皈依。

土楼很高很大，土楼很坚很固。水泼不进，风吹不动；狼越不过，虫钻不透。她呵护幼苗，呵护花朵；她呵护真善美好，呵护日月星辉；她呵护这里的滴滴点点，呵护这里的欢声笑靥；直到每块瓦片，每根椽柱，每粒沙石。

土楼是一枚大大的印章，拥有了这印记的客家人，人生就有了支点，命运就有了归宿，心性就有了寄托，脚步就有了力量。土楼就像那枚大大的圆月亮呀！如缕的清辉，总要扯痛客家游子的乡恋之情；柔抚的光芒，总要照亮游子的回归之路——不管身在何方，路有多远！

土楼是一道蕴藏丰富的矿脉，拥有开采不尽的资源。有如时光隧道的出口，又像盛满琼浆的金樽，恰似招聚群贤的铜号，宛若催征奋进的鼙鼓。

是谁饱蘸了这砚池的香墨，把土楼绘成了多彩的画！是谁倾注了真挚的情，把土楼吟成了优美的诗！是谁仰望朗朗的天，把土楼唱成了悠扬的歌！土楼真的是一部厚厚的书呢，只有痴痴地读，细细地品，方能读出她的千山万水，品出她的灵性神韵

土楼是一座资料库，她真实地记录了客家人千百年来的风雨颠簸；土楼是一座档案馆，她完整地珍藏了客家人祖祖辈辈的喜怒哀乐；土楼是一座大舞台，她生动地演奏了客家人美妙的圆舞曲。

土楼是一条旺盛根脉的节点，又像行进途中的加油站。她让“修身齐家、忠义报国、崇文重教、耕读传家”的客家文化，世代相承；如同一条汹涌江河，源源相汇，直奔未来……

土楼之最，当数永定。永定在福建。人到那里方悟，福建即福健也。遍地皆福：福荫山，福泽水；福润心，福诱人；福壮魂，福励志；福盈门，福照路……只要肯于寻找，只要能够发现。因为，绵长的“客家福”正在翩翩起舞。

狼牙山远眺

狼牙山本无名，在中华大地上它仅仅是千万秀峰中极为普通的一处。然而，自从那年那月那天的那一场抗击恶魔的战斗之后，狼牙山便有名了，继而名扬天下。

蒙蒙细雨中，我听到花草在歌唱，大山在诉说：

兽性的蹄在践踏我们的国土，锋利的刃在惨杀我们的百姓！苦难中挣扎的中国人民啊，外受欺辱，内遭蹂躏，血性的男儿岂能坐视无睹！于是，在大江南北，在黄河两岸，山，举起了刀枪；水，唱起了战歌。千千万万有志男儿，一起奔向了抗战前线！

前线，其实就是一条生死线。在那里，前进一步，就要遭遇敌人，就要殊死格杀，就要付出血的成本和生命的代价。所以，在前线，敢于前进的，是勇士，是英雄，是耸立在人们心中的景仰。而胆怯退缩的，就成了逃兵，成了叛徒，成为千古唾弃的耻辱。狼牙山的五位勇士，面对多于自己数十倍的对手，他们选择的始终是前进！一直前进到无路可走的最高峰。

这高峰，不仅仅是一种地理高度，更是一种精神信念的高度。站在这高度上俯视，苟且的生渺小了，凶恶的敌人低矮了，所以勇士们才选择了折射生命之光的别一种前进，踏着脚下的渺小和低矮，高呼着感召胜利的口号，纵身跳下了万丈悬崖！

那是惊天地泣鬼神的一跳，是震撼亿万心灵的一跳，是让生命和青春瞬间升华的一跳。那一跳，如雄鹰搏猎，让一股英雄气激荡神州。那一跳，若流星闪烁，把光明播撒进天下人心中，勇士们以自己青春生命的凋谢，让祖国收获了胜利的果实。

可不是吗！听，风在吼，马在叫，黄河在咆哮；看，在高高的山岗上，在密密的丛林里，子弹射进了敌人的胸膛，大刀向鬼子们的头上砍去……那是一段怎样波澜壮阔、激情燃烧的岁月啊！

登上五勇士舍身跳崖处，仰望高高的五勇士纪念塔，心中不由生出些许感叹。

举目眺望，不远处清西陵似隐约可见。清王朝入关后的第一代皇帝就曾经规定，不论谁登基坐殿，自当皇帝那天开始，就要为自己选陵造墓，甚至一座比一座奢华，其目的无非是想要自己死后不朽。至于皇帝们的墓地花去了国家多少银子，谁也无法说得清楚。而只知贪婪吮吸人民血汗的皇帝们，如今除了能使一些喜好制作、戏说电视剧的人还能赚些小钱外，已经再无多少实质性价值可言。可五勇士却不同，他们生前无所求，死后无所取，为祖国、为人民义无反顾的英雄气概，已经成了一种精神，一种基因，浸入中华文化的血脉之中，营养着不屈不挠的民族之魂。

登山时，雨一直在头上飘，雾一直在身边绕，狼牙山被笼罩在迷蒙之中。一到山顶，骤然间雨停雾散，山也明亮起来，像五勇士睁开的眼睛。

那天下山返回已是中午，看到还有很多人正在向狼牙山顶端攀登。这么多人，为什么要来？是祭祀？是追忆？还是仅仅为了看景？如今，人们的思维已经不再局限于行走于一条通道了，不管登山者们出于何种动机，但有一点可以肯定：只要来了，就不会不知道五勇士和五勇士的动人故事；天天月月年年，前赴后继，那动人的故事就会不停顿地在人们的灵魂深处复活。所以我才有理由说，五勇士的壮举，作为一道风景，必将与狼牙山一起，在人们的记忆中永存。同时，也很希望那些曾经企图把狼牙山五勇士从学生教科书里删除的人们，不妨也来狼牙山走走看看，让激荡在这里的那股英雄气，拂去蒙着心灵的浮尘。

老人与鸟

走出黎明的太阳，把光束刚刚挂上楼群的墙壁，这里的鸟儿们就歌唱起来了。

鸟儿们是在等候一位恩人的出现；鸟儿们正演奏一支迎宾曲，在迎接一位朋友的到来。

恩人出现了，远远地，他骑着一辆小三轮车，上边放着两只口袋。口袋里分别装着小米和高粱米。

朋友来了，朋友来到了楼群之间。朋友慢慢迈下三轮车子，又慢慢从口袋里掏出小米和高粱米，东一把，西一把，前后左右，一把一把地撒，撒。等撒够了，朋友再看看树枝上正友好地望着自己的鸟儿们，骑上车子，又慢慢地走了，去了另一个他该去撒米的地方。

鸟儿们被朋友感动了。鸟儿们的歌声更加响亮优美。鸟儿们不知道朋友的名字。于是，在一个晨光明媚的时刻，笔者特意等候在那里，替鸟儿们打听到了这位朋友的情况。

朋友姓翟，是一位退休工人，已经85岁高龄了。

老人从年轻时就喜欢鸟，退休后曾经在家里养过一阵子。养着养着，老人发现，把鸟囚在笼子里，让鸟失去自由，这不是真的爱鸟。鸟是会飞的动物，鸟是自由的精灵。如果真心爱鸟，就应该给它一片自由飞翔的天空。

养鸟不如喂鸟，老人一下子悟出了这理儿。于是，就在十几年前的一天，老人把自己喂养了很久的几十只鸟，全都放到院子里，训练它们自觅其食，让它们学习飞翔的能力，谁学会了生存，谁的翅膀硬了，谁就先飞走。一只，两只……老人眼望着一只只鸟儿飞向了天空，老人的心思亦随着它们飞向了远方。

鸟儿们飞去了哪里？鸟儿们的生存状况怎样？老人的心时常牵挂着那些飞走的鸟儿们。从此，老人就每天都带上鸟儿们爱吃的小米、高粱米，从自己居住的地方开始，走一处撒一处，最多时，一天能撒出五六斤呢。细心的人们或许已经发现，在公园的绿荫下，在市区的某个空地，在一个个曲径通幽之处，在他力所能及的一个个角落……有一位老人，正骑着一辆小三轮车，不时地停下来，掏出装在口袋里鸟儿们喜欢的食料，不断地撒，不断地撒……

无数个春夏秋冬，无数个风吹日晒，他从没有停止过自己的行动，尽管他的步履已经蹒跚……

难忘荔波那棵树

荔波在黔南。这里气候温润，四季常花，被叫做地球腰带上的“绿宝石”。作为一棵植物，能够在这里生长，是很幸运的。不信，就看看这一棵树。

那是一个阳光打着折扣的上午。樟江岸边，林荫际处，诸友徒步而行。迎着或瀑或流滔滔而泻的江水，望着或枝或桠摇曳多姿的浓郁，我的心也就不安分地蓬勃荡漾起来，恨不能把这大自然馈赠的千般美好，立刻一览无余。

正行走在通往大七孔古桥景区的路上，一棵奇特的树，蓦地挑开了我的眼帘，使我惊异的目光一下子搭在了这棵树上。

怎么会有这样一棵树呢！

它茶杯般粗细，高不过四五米。盘龙交错的树根整个地裸露着，而且还生怕被谁抢走了似的齐心协力地紧紧搂抱着一块块乱石。那形态就像一堆洗净的红薯，在根的周围竟找不到一点可供养分的泥土。而这树却泰然地活着，活得壮硕，繁茂的枝叶障天荫地。

是谁雕琢了这一棵树，把它塑造成这样一种状态？而它又是以怎样的一种毅力牢牢坚守在这里的呢！顿时我的心被震撼了，情被扯动了。

从这树周围留下的痕迹看，这里曾经是一条山洪行走的过道。想象得出，当初这里一定发生过一场惊心动魄的掠杀：一个大雨滂沱的夜晚抑或是白天，蛮横的山洪咆哮着奔泻而来，它们为了自己行进的畅快，便不顾一切地撕咬、冲撞。纤弱的草被践踏了，婷艳的花被摧折了，松软的土被卷走了。那些充当卫士的树木呢？也没能经受住山洪的淫威，一棵又一棵地俯首缴械了，留下的只是这光秃秃的板石。而惟有这一棵站立的树，勇敢地抗争过，战斗过，没有倒下，经过和山洪的几番搏斗较量之后，顽强地生存下来。

祝福这一棵树吧，它是劫难中的幸存者，更是恶战之后的胜利者。而它又是靠了什么力量才取得了那场搏杀的胜利、进而成为这山林中的强者呢？

同行的植物研究专家余先生告诉说，作为一棵树，必须有大于其树冠三倍的根才能存活和生长。依此推断，这树一定有比人们肉眼所见到的大于树冠的几倍的根，在更深处伸展着，旺盛着。就像蚯蚓翻松泥土一样，默默地为树做着属于自己该做的事情。原来，这才是树之所以岿然不动的根本理由呀！这时候看那一棵树，果然，它的无数条根系正是在穿越石从之后，又钢钉般深深刺入地下的。加上它的一些边根又是紧紧地把那堆乱石抱在了怀里，这样就产生了一种难以动摇的坚定——根抱着石，石帮着根。根，千方百计地寻找生长的土；石，忠贞不渝地护卫坚定的根。根石相助，紧密合作，树才成为了这样一簇令人感叹的景观。这时候再看树，简直就像一部内容丰实的哲学著作，它令人思索，它给人启迪，它使人咀嚼品味再三。

树啊，你看到了吗？在你面前，有多少双惊羡的眼睛仰视着你；树啊，你听到了吗，在你身旁，有多少赞美的话语品评着你。与你合影，与你道别，与你依依不舍。而根却依然默默无语，甚至任由那些与树合影人的脚踩踏自己的身躯。

祝福你，小树！你于劫难中涅槃，你在平凡中巍峨。你是万木丛中的独秀，你是锦绣荔波的自豪。你彰显风骨，你展示意志。你是昭告，你是诉说，你是心灵的慰藉……

留在石头上的记忆

这是中国抗战史上的一个痛穴，位置就在“歌唱二小放牛郎”歌词所唱王二小牺牲的地方。当日光触摸着大石头上那摊酱紫色的血痕，心灵深处不由迸发出一种难以忍受的疼痛。

怎么能不疼痛呢！孩子牺牲时毕竟才只有十三岁呀！

十三岁，正值年少，天性活泼，会让我们立即想到自己的晚辈。他应该在父母的呵护下，坐在教室里，听老师讲天文讲地理讲今古人事，或者与同学与玩伴于校园内外快乐地嬉戏玩耍。可二小家穷啊，穷得无房无地，一家人只能住冰冷的山洞，他也只好跟着爸爸靠给有钱人家放牛过活。后来，他爸爸妈妈又因病无钱医治，相继离世，二小成了形单影只的孤儿，并且继承了他爸爸唯一的遗产——放牛鞭，小小年纪就做起了放牛娃。

位卑未敢忘忧国呀。这中华民族数千年遗传下来的优秀基因，也同样注入了王二小稚嫩的血液，滋养了他幼小的心灵——在那个狭小的地段，他以智慧和勇敢上演了一场一个人的抗战。那一摊酱紫色的血痕，据说，就是当日本兵发现上当后，用刺刀挑起王二小摔死在大石头上后流出的鲜血洇成。后来，尽管岁月流逝，风浸雨洗，那血痕却从未销迹，就镌刻般永远地留在了这里。

这血痕是天地的记忆，是对凶残和暴行的控诉，也是留在中华民族苦难史页里的一笔血债！

多么悲惨而又悲壮的一幕啊！望着那摊酱紫色的血痕，我的心在颤抖，在哭泣，同时也禁不住地在追问：

当年那个用刺刀挑起王二小狠狠摔在大石头上的人，究竟是日本兵，还是甘当狗腿子、出卖良心的汉奸？！人们尽管无从查考，不得而知，但良知会提醒来到这里的每一个中国人，在心灵深处需进行一番沉重而认真的思考：国弱民穷，必遭欺凌；心散魂垢，难逃落后。弱肉强食，落后真的是要挨打的呀！

记得一次去云南腾冲，那里曾经是中国抗日战争的一处圣地。那片已经废旧了的机场，曾经起降过美军的空中“飞虎队”，被称作生命线的中缅公路也横卧在那里。也是腾冲，听当地百姓讲，在抗日战争中还有一段难以抹去的记忆：那一年的那一天，县城里的6万多人，包括警察、官员、男人，竟被192名鬼子兵赶得如惊弓之鸟，四散逃奔，其中也包括时任县长在内。幸好有位“位卑未敢忘忧国”的血性志士及时站了出来，他自荐县长，立即组织民众殊死抵抗，很快就赶走了日本兵，夺回了县城。据悉，这位志士名叫张问德，此前只是个无职无位的读书人，时年他已经62岁了。

张问德，王二小，一南一北，一老一少，无疑他们都是备受敬重的志士仁人。如今，天下并不太平，域外，还有如狼似虎的眼睛盯着，国内，贪婪的嘴脸也并不少见。如果有一天重遭国难，我们将何以待之？

问这里的山，山以石明志，握紧了拳头；问这里的水，水以瀑为言，趋身而赴——峭崖上，犹如悬挂起一个昭示的惊叹号，活灵活现。

满眼秀色染诗心

一溪秀水，流韵潺湲；一条绿道，枝抚叶慰。这秀水，这绿道，依山势，就水形，宛若一对热恋的情人，你挽着我，我傍着你，彼此缠缠绕绕，不离不弃，一路蜿蜒而去。

秀水名为永安溪，波光粼粼，千年不枯，被仙居人称为母亲河；绿道，是仙居人近年来新打造的一条步行道，一路花映荫蔽、绿意盎然。

这曲曲弯弯的景观去了何方？终点又在哪里？问号一出，神仙居"方丈"陈子干先生的回话便飘了过来：绿道设计总长度为500余公里，现在已经修通四分之一，用不了太久，它就会走乡串镇，把仙居县境内的村村寨寨紧密地链接在一起。

哦！也许这就是经常念叨的四通八达村村通吧，不过这里可是步道，与那个马疾车飞的村村通有着根本上的不同。我顿悟：这是在织一张绿色的网呀！画家外形于意，诗人外形于思，作为当地父母官，爱家乡惜山水追求美好的愿望，不正是外化于此吗！能以画的眼光审视布局，以诗的情怀安排山水，把生机和活力裹挟，让健康和快乐同行，而且还要链接成网，可见其善心其境界。网是什么？它无止境无终极无遗漏，那里隐匿着的可是一个无限数呀！这是否象征了这网打捞起的好日子没有尽头，长着呢，而且还要链接一起，共同分享。

漫步绿道，枝叶间有花朵微笑，耳边闻翠鸟鸣啭，脚下是溪水淙淙，嬉戏的鱼儿们轻摇银尾，如此景色驻之仙居，实乃恰如其分。望此生彼，不由我又回到了当年驻守黄土高原的一幕。

沟多没水流，山多和尚头，遍地是黄土，风吹石头走。这就是当初面对寸草不生的营房驻地，战士们对那片荒漠的形象描述。那里的路，晴天洋灰（扬灰），雨天水泥。苦中求乐、喜好幽默的战士们曾经想，要是有棵树该有多好。听者有意，还就有浙江战友探亲时从家乡带来几棵树苗。见到了那几株翠绿，战友们简直像见到了亲人一样亲热，像见到了江南风景一样兴奋，大家立即七手八脚把那几簇绿意植于连队营房门口两侧。黄土高原常年干旱，根本没有地下水可取，吃水都是由部队送水车从几十里外运来的，那时候，节约用水就成了新兵入伍的第一课。尽管如此，大家每人每天还是要省出一点点清净的水，分送给小树享用。日升月落，朝来夕往，在大家的经心侍弄下，那几棵小树也在慢慢长高，有的已经超过了战士的肩头。后来，由于部队移防，营房废弃，不知那几棵小树的命运该是如何。由于有了这样一段心结，当看到完全用绿色营造出的仙居绿道之后，心情着实地被这绿浓浓地染了一层。甚至想，当年军营门口的那几棵小树，如果能迁移到仙居生长，该是多么的幸运呀！它肯定也会像仙居的所有绿植一样，热情地加入到这支庞大的绿色合唱队伍，不知疲倦、不图回报地甘愿奉出那份被绿染透的歌声。

绿是春天和兴旺的布告，绿是生命蓬勃的宣言；绿是单纯，绿是幼稚。仙居人就是因了这“单纯”和“幼稚”，迎八方客，暖百姓心。在绿道上，哪怕只是很随意地走一走，那茂密所施放出的超高负氧离子，也足以让心灵和肺叶们像沐浴了一场盛大节日般的舒畅。

看书时曾见这样一说，中国的北方是男人，南方是女子。到得仙居后暗想，这话有什么道理吗？看了与绿道结缘同行的永安溪水和那绿润润的空气，还真的有些相信了。可不是吗，看那弯曲的水形婀娜多姿，像极了翩翩起舞的江南少女；看那潺湲的清澈轻抚绿岸，又恰似纤细的柔指梳捋刘海。所以，不要说仙居人爱这山这水了，就是我这刚从远道来的，一见面也迷上了它。

美好的山，温润的水，谁见了都爱。“军营门前有一条小溪/每逢星期天溪水都格外的绿/问班长他总是笑着不语/仿佛那是大自然的规律”。面对一道北方的溪水，当年一位叫智猛的浙籍战友曾经写诗抒怀。“溪水又绿了/我沿着溪水寻找绿的秘密/泉水边响起雷锋之歌/哦，班长走来了/他手提一桶绿军衣”。

那时候我和智猛都刚刚爱诗写诗，面临新驻地的一道清溪，我写《身旁流着一条小溪》，借以表白对亲人的思念；他则把战友情、同志爱抒发得酣畅淋漓。只是这战友就在我去军校学习时，他退伍离开了部队，从此杳无音信。如果因这篇小文能与战友邂逅，也不失为一段佳话。诚然，智猛那么热爱异乡的山水，对于江南家乡他一定会爱的情更深，义更切，说不定在这水润的江南绿道上就有他抛洒的心血与汗水呢。

这样想，这样思，似乎有点天方夜谭了。不过当你也来到这根须深深扎进历史的仙居县，走进这文化厚重得不可搬动的天姥山，面对这景这色，令人不知道用什么语言去表达爱意时，我敢说，每个人都难免会张开想象的翅膀，让自己的心灵去实现一次跨界飞翔。

漫步北京赵登禹路

1

这是一段淬火的历史。阅读它，会望见一片燃烧的烈焰，会触到一种精神的硬度，会听见一位英雄的呐喊。

——壮士气吞山河，热血如沸，一把挥舞的大刀，正向鬼子们的头上砍去。

那大刀，集聚了民族的愤怒，凝结着正义的力量。砍得痛快，杀得淋漓。

是狰狞，就该死亡；是邪恶，就当诛杀。历史，本来就该这样。

然而，那时候，病弱的中国竟无力扶起一个勇士的身躯，终因寡不敌众，你壮烈地倒下了——倒在了抗日救国的最前线，倒成了一种不屈的楷模，倒成了一个民族的希望，直至倒成了这条横陈的大路，让所有踏上你躯体的来者，每走一步，都感到了一种撕心裂肺的疼痛。

2

这是一根颤动的琴弦。弹拨它，犹闻战马嘶鸣，如见杀声震天。每一个音符，都高亢强悍得使人从心底迸发出一种不可遏制的刚烈。

一个英雄倒下了，千万个英雄站起来。

——起来，不愿做奴隶的人们！到敌人后方去，加入那一曲黄河大合唱：滚滚浪涛在咆哮，那是中华民族的热血在沸腾。到林海雪原去，打一场埋葬罪恶的游击战争：地道战，地雷战……你的英魂犹如一把神梭，把天南地北的抗日力量，织成了一张张天罗地网……

“西边的太阳就要落山了，鬼子的末日就要来到了”。那一曲跳跃在土琵琶上的旋律，可是这颤动的琴弦娩出的激昂！

3

这是一个竖立在人们心中的惊叹号。它的存在，是一种提醒，是一种警示。

它提醒：是英烈的忠骨巍峨了这里的高楼大厦，是勇士的鲜血滋润了路边的红花绿柳；这是一根世代传递的接力棒，接过它，就不会被霓虹灯的缠绵迷惑、醉倒……

它警示：蓝天上还盘旋着袭击大地的凶风恶雨，洞穴里正窥视着企图吞噬安宁的狼虫虎豹；走在这条拦阻祸水的长堤上，人们的心田里，会情不自禁地生出几丛责任，长高几分使命……

是的，这条路是一种境界，踏上去是一种高度；

这条路是一种象征，走下去便孕育忧患；

这条路是一种季节，它给予人们的，是对兴旺的求索和对收获的期待……

魅力柳祠

感谢柳侯祠里那拂去尘埃的史页，他让我走近了那个被世代怀念和景仰着的柳宗元，让我真切地触摸到了他的脉搏……他从哪里来？又到了哪里去？一切都变得清晰起来……我望见了他精神的高度——“虽万受摈弃，不更乎其内”积极向上的用世之道；我觅到了他精神的根部——为国家忧，为百姓虑，博大而善良的诗人兼思想家的政治情怀。

柳宗元是四十七岁时病逝于柳州刺史任上的。世世代代的人们之所以景仰他，参谒他，除了其散文诗歌的巨大成就之外，与其勤政、清廉、爱民的人生观以及在柳州刺史任上的积极作为是不可分的。

彼时，柳宗元虽属贬官，可他对自己的要求却很严谨。还在赴任的路上，他就蓄结了“从此忧来非一事，岂容华发待流年”的美好心愿。到任不久，经过了一番认真“调查研究”之后，就开始了他兴利除弊的施政措施：兴教育，却巫术，打井栽柳，植柑种花，制定新政，解放奴婢……一项项利好新政不断出台，大受当地百姓欢迎。短短几年时间，使人民富裕，社会安定。正如柳侯祠碑文所铭：“民业有经，公无负租，流逋回归，乐生兴事。宅有新屋，步有新船。池园洁修，猪牛鸭鸡，肥大蕃息。子严父诏，妇顺夫指，嫁娶葬送，各有条法，出相弟长，入相慈孝……”直至众百姓因为感谢和敬重柳宗元，怕执行不好新政惹柳侯生气，而自觉相互提醒：“老少相教语，莫违侯令。”

有什么能比人民的热爱和拥戴更伟大呢。柳宗元拥有了，所以他的诗文和政绩才一起成了一种摇撼人们心灵的力量和珍贵遗存，被世代念念不忘。

柳宗元悯民、爱民，有不少的传说和记载。他主张“吏为民役”，说当官的要为老百姓办事，要做人民的仆役。《柳州罗池庙碑》就这样说：“相侯为州，不鄙夷其民，动以礼法。”柳宗元在他的《柳州峒氓》一诗中，面对着当地的贫穷落后状况，也表达了他同情劳动人民，“欲投章甫作文身”，要与贫苦人民一道努力，改变落后面貌的愿望。为此，柳宗元和当地人民曾一起栽柳，一起植柑，还去偏僻地区调查民俗风情，和少数民族群众交谈，了解他们的疾苦。听不懂他们的话，就找人翻译……

读史书的记载，听古老的故事，古往今来的所有好官们几乎都是同时操守了勤政、清廉、爱民这一要义的，柳宗元无疑都做到了，而且做得很出色。从人生观念上他主张“君子谋道不谋富”；从他的行为上世代都有传述，说他一身清贫，死后连下葬的花费都是朋友和亲友凑集的。

伟大来自平凡，伟大也来自平易。是平凡和平易造就了伟大的柳宗元。所以，当他的棺木运回永济老家时，柳州人民都争相为他抬棺相送，尔后又为他建造“罗池”，以资世代纪念。

一个把人民装在心里的人，人民把他举到了高处；一个为中国文学做出了杰出贡献的人，历史珍存了他的遗墨。假如柳宗元也是一个贪得无厌、有恃无恐，不通民情、无所事事、刚愎自用、仗势欺民的贪官、痞官、混官，行施苛政的恶官，他在人民的记忆中还能有如此重要的位置吗！

然而，柳宗元毕竟是柳宗元，他有教养，怀志向，一生积极用世。柳州，也便在有意无意间造就了一位彪炳史册的杰出人物。柳侯祠，无疑成了一条激励人们奋勉向上的文化根脉；柳州——这座千年古城也因他而平添了几分诱人的魅力。

面对草地

面对草地，面对红军走过的草地，仿佛面对历史深处的一簇风景。

那些盛开的花，那些衰败的草，那些挺拔的枝，那些枯萎的叶……或芬芳，或苦涩，或摇曳，或凝定，无不成为撼动心魄的一种力量。

长征选择了草地，这是草地的幸运。

革命曾经在这里吃苦受难，革命曾经在这里辉煌灿烂。因而，这里才生长出崇高，生长出景仰，才生长出那许多的伟大与不朽。

还记得小学课本上那《金色的鱼钩》吗？它让先烈的精神闪光，它让稚嫩的童心向往。

这里是历史的档案馆，这里是革命的资料库。这里珍藏的不只是忠骨、传说和故事，这里还珍藏催人奋进的鼙鼓金号，这里还珍藏照彻心灵的熊熊火光。

如果仅仅是为了寻找先辈的足迹而来，如果仅仅是为了采集诗句辞章而来，那就不要来。因为，这样会踩痛历史，会惊醒自以为装满思考的头颅，会惊诧自己的心灵成为一片空白……甚至会让人觉得，喧嚣的尘世于这里是一个太不和谐的音符，会让人发出千百个感慨或者叹息。

感慨吧，草地的空旷已经投影成宽阔的广场；叹息吧，草地的寂凉正在佐证红军的艰难。

草地是一座庭院，从这里走出的人，即使走成了贫穷，精神也富有；即使走成了清瘦，灵魂也健壮。从这里走出的人走成了一群前辈，他们的名字，有的被漫步广场的人吟诵，有的靠了电波的力量，被传播成遥远和永恒……

这一条路，弯：是红军走出的一张弓；这一条路，直：被红军走成了弓上的弦。红军意志是拉弓的力，红军理想是弦上的箭。

挟着滚滚风云，裹着遍地花草，理想被放飞了，草地亦被抽出了一条线。从此，这一条线就把草地和天安门连在了一起，和整个中国连在了一起。于是，这里的风云便成了簇拥时代的浪潮，这里的鲜花便开成了一种笑容，这里的绿草便摇曳成了一面面旗帜……

为了寻求甜甜的日子，红军才咀嚼苦苦的草根。这里的草根有功劳，苦涩的汁曾经营养了民族精神，曾经挽救了中国革命。草根却从来不炫耀自己，依旧过一种隐居而平凡的日子。

“野火烧不尽，春风吹又生。”这便是不衰野草的可爱，这便是一种伟大的哲理。所以红军才选择荒草遍布的野地，让野草检阅他们的阵容，让野草验证他们的品格。

最后，野草为红军打了满分。

这里植下许多年轻的生命，这里所以才如此地青翠碧绿；这里埋下的忠骨永不变质，这里所以才永远地肥沃。这里还要生长现代化呢！诞生过崇高和不朽的地方，怎么会生长渺小和没落呢！

峭壁上，那棵酸枣树

是为摆脱饥寒交迫的日子，你才无可奈何地跳下那悬崖？是为免遭那场被俘的耻辱，于弹尽粮绝之后你才义无反顾地投落这峭壁？

历史感怀着你，岁月铭记着你。

那一天，你确真跳下来了，像俯冲搏猎的那只雄鹰，像划破静寂的那颗流星。

然而，你并没有死，一道峭崖壁缝救助了你，一捧贫瘠的泥土养育了你。生根，发芽，长叶……从此，你就在这里安家落户。日日夜夜，年年岁岁，终于顽强地活下来了，长大起来了，一直长成了一簇令人刮目相看的风景。

这便是故乡那座大山的悬崖峭壁上，一棵摇曳在我记忆里三十年之久的酸枣树；一棵在夹缝中生存，在磨难中挣扎，在逆境中巍峨的酸枣树。

那是一棵怎样的树呵！

它高不足尺，阔不盈怀；干细枝弱，叶疏花迟。云缠它，雾迷它；风摧它，雨抽它；霜欺雪压，雷电轰顶。大自然中的所有强者，几乎都在歧视它，虐待它。仿佛只有立刻把它从这世界上除掉才肯罢休。然而，酸枣树并没有被征服，它不低头，它不让步，于数不尽的反击和怒号中，练就了一身铮铮铁骨，凝聚了一腔朗朗硬气。

一次次，它在风雨中抗争呐喊；一回回，它把云雾撕扯成碎片；它以威严逼迫霜雪乖乖地逃遁；它以刚毅驱逐雷电远避他方……

它像大山的一名哨兵，时时坚守着自己的岗位；它像一位忠诚的使者，及时报告着八方信息；它是一面飘扬的旗帜，召唤着，引导着，冲锋着，战斗着，率领着大山里所有的草草木木们，从一个春夏秋冬奔向又一个春夏秋冬……

它明知道自己成不了栋梁高树，却还是努力地生长着；它明知道自己不可能荫庇四邻，却还是努力地茂盛着。它不像山前的桃树，山后的梨树，一个个娇生惯养地让人伺候、抚慰，动辄就使性子甩脸子给点颜色瞧瞧。也不像贪图热闹的杨树柳树们，一个个占据了水肥土美的好地方，便忘乎所以地搔首弄姿，轻飘飘只知炫耀自己。而酸枣树，却默默地兀立着，不鄙己位卑，不薄己弱小，不惧己孤独。与春天紧紧握手，与日月亲切交谈。天光地色，尽纳尽吮。从不需要谁的特别关照与爱抚，完全依靠了自己的力量，长成了那堵峭壁的生命，让人领略那簇动人的风采。它真诚而没有妒忌，它纯朴而从不贪婪；招手向路人致意问候，俯首向胜利者恭贺祝福，似乎是它的天职。

那是我亲眼看见的：那一年秋天，于不知不觉中，它竟结出一粒小小的酸枣。是的，只有一粒，而且小得几乎为人们所不见。

那酸枣是春光秋色日月星辰的馈赠，是一片浓缩的丹霞云霓。亮亮的，红红的，像玛瑙，像珍珠，像一团燃烧的火焰，像那万仞峭壁的灵魂。

见到它果实的那一刻，当初我还陡地生出一个奇怪的想法：小酸枣，或许正是那棵酸枣树苦修苦熬数十年而得道的一颗心吧！有了心它便会有梦，便会更加热烈地拥抱世界了！

转眼远离故乡三十年，我再没有见到过那棵酸枣树。不过我想，眼下风光正好，它生长得一定会很茁壮，很茂盛，一定是干粗枝旺，叶郁果丰。长成了一个典型的男子汉形象，再也没有谁歧视它，再也没有谁欺辱它了。并且有很多小鸟常去它那里做客，和它一起歌唱。那歌声清韵悠扬，荡漾山谷。

磬锤峰写意

此去承德拜访历史，亲近自然，是位于武烈河东岸的磬锤峰（又名棒锤山）的奇特雄姿震惊了我的感觉之鸟吧，于是，它们翩翩飞来。

——题记

一

远远望去，棒锤山上大下小，确如浣衣村姑手中舞动的捶衣棒。四周莹莹亮亮的群山众丘，便是捶衣时被溅飞四处的水花了。

于是，一条岁月的河在我眼前奔流，一场悲烈的剧在我眼前上演：

往古之时，四极废，九州裂……地陷天倾。

在惨烈的剧变中，几乎世界的所有都无奈地认可和服从了这虐待。惟有你——

棒锤山，昂着头，挺起胸，以奋力抗争的大无畏气魄，把自己挺拔成一种意志的高度，耸立为一种精神的悲壮，成为人世间一种罕见的存在和一篇向后来人发布凯旋的宣言！

这是天工的创作，这是神力的导演；这是一束擎举的火把，这是一叶挺进的征帆；这是不朽对平庸和消沉的挑战。

是的，你雄奇而巍峨，但不是路障，所以要被仰望；你亘古而久远，却不是废墟，所以才被崇尚……

二

棒锤山属于大自然，再美的诗歌，在它面前也属于渺小。

所以，我只为“摸到棒锤山，能活一百三”而来；我只为品尝这一截甜蜜、且储满营养的甘蔗而来；我只为仰视这把开启生命之门、且让人走向康寿之道的钥匙而来；我只为：它不但是一座沧桑岁月的纪念碑、更是一个充满活力的生命体而来！

好一根拨动时光之轮的魔棒，曾经唆使多少思索之鹰于古今天地间翻飞翱翔……棒锤山呵——一座宇宙的建筑物，一处太空人的路标牌！

三

棒锤山是一截美丽的梦。

遗梦的人来寻觅，思梦的人来祈求，做梦的人来叩访……

善者的梦中，你是盛开的莲花；恶人的梦里，你是逞凶的棍棒。

群山似骏，众丘如舟，有人问，你可是那根拴缰系缆的柱桩？

有人说，天上的主将是人类的最后一个朋友，人神攀谈，你可是那把登踏入云的凳？

棒锤山沉默着。或许，惟有归来的梦，才能做出完美的注释。

山高水长韵悠悠

揣着浓浓的遐思和向往，一脚踏进了武当山。

武当山仙风道韵，紫气撩人。刚入山门，一段段听不完的故事和传说、一幕幕看不够的迤逦和秀美，纷纷扑面而至……武当归来，盘点着行囊里沉甸甸的“震撼”和“惊喜”，蓦然发觉，最让我难以释怀的竟然是水——是那既熟悉又陌生的武当山的水。

武当山的水起点高，1612米高的天柱峰是它的诞生地。4处泉眼，有如4个同时出生的乖孩子，一路活蹦乱跳地奔跑而去。4条山泉形成的清流，又宛若一架正被弹拨的4弦琴，铮铮作响；而山中那一组组、一簇簇令人赞不绝口的古老建筑，就仿佛琴弦上迸出的音符，定格在那里。

说起武当山的水，它的确应该是那里的主角。

据当地史料记载，唐代李世民执政初年，遇天下大旱，四方几番求雨不得。于是李世民便派一大臣去武当山求雨，结果天降甘霖，龙颜大悦。以今天的视点看，这雨下得仅仅是一种巧合。然而，或许正是由于这偶然的巧合吧，却成全了一座远方的大山：从那时起，武当山便有了第一座皇帝敕建的供奉“水神”的宫观，从而也为武当山后来的兴盛奠定了舆论和物质基础。

至于武当山缘何成为道教名山，还可以追溯得更远，因而就不得不想到一个人和一本书，即老子和他的《道德经》。

老子姓李名耳，世界百位历史名人之一，我国古代伟大的哲学家和思想家。有资料告知，他的《道德经》在世界上的地位仅次于《圣经》。据联合国教科文组织统计，在世界文化名著中，译成外国文字出版发行量最大的是《圣经》，其次就是《道德经》。老子崇尚水，“上善若水，水善利万物而不争”是他的基本思想。他认为：上善的人，就像水的品性一样。水造福万物，滋养万物，却不与万物争高下，这才是最为谦虚的美德。江海之所以能够成为一切河流的归宿，是因为他善于处在下游的位置上，所以成为百谷王。因而，“无言”、“无为”、“道法自然”等等，就成了老子看待世界的态度，进而成为“道理”，谆谆教诲后人，一直延续了两千多年。

老子把自己的确也当成水了。他觉得，水不仅仅往低处流，而且还能往高处飞。当然，那是在阳光空气等的作用下，转化、升华了的水的另一种状态——云雾虹霓。所以，当他历经了人生的冷暖炎凉，参透了人世百态之后，毅然辞官而去，向往云雾虹霓般那样自由自在的生活了。

函谷关是一道闸门，要出走必须通过那扇门。老子很知趣，为了能获得方便的“通行证”，他不得不留下买路的“著述”。他端坐函谷关上静思，不几天就写出了一部5000字的《道德经》。老子大概不会想到，他的这部《道德经》竟感染、感动了那个把守关口、企图“阻拦”他出关、并“发难”向他索要“著述”的人——尹喜。尹喜获得了“著述”，从此也辞官不干了，怀揣着老子的《道德经》，四处寻找起能够修身养性的圣地来。

可以说，武当山是尹喜到达的最后一站。在那里，他看到了淙淙的清泉和飘逸的云朵，他听到了百鸟的婉转和松风的歌唱，他嗅到了百草的芳香和山花的明艳，他一定也感叹过那72峰朝大顶的神奇和壮观……尹喜喜不自胜，庆幸自己终于找到了能够承载老子思想、进行自我修炼的绝佳静地。尹喜“寻找”的经历一定充满艰辛，而修炼的过程抑或更不轻松。他心灵深处是否有过一场恶战，他怎样讨伐孤寂，如何抵御诱惑，人们不得而知。从此，尹喜就把武当山作为了实现夙愿、安放灵魂、传承老子思想的神奥之地，苦修苦练，直至后人把他奉为了“得道”的神。

从唯物主义的观点出发，神是不存在的。但作为一种文化现象，它却给了后人不少的精神营养和启迪。比如那位由神化人、蘸水磨针的老婆婆，并以此启迪“真武”苦读的故事，到那里方知，原来这“事件”就诞生在武当山中。“铁杵磨针”是假的，而“故事”却是真的。世世代代就那么传来讲去，有谁说得清这故事曾经启迪、诱导了多少积极用世、努力进取的人生呢。

这就是文化浸润的力量，也是武当山的魅力所在。

老子对水的理解和释义是很到位的。他对水的崇尚与赞美可谓达到了后无来者的境地：“上善若水”；“水”几乎就是他的“道”；并且把居善、心善、与善、言善、政善、事善、动善这“七善”，也毫不吝啬地赋予了水。

老子是个读书人，他有学问，懂历史，之所以崇拜水，有其深厚的文化根源。“金木水火土”五行，是人们最先认识的物质形态，水则是其中之一。而后又有了关于水与人的关系的许多传说和故事：比如出土陶器上的“水纹”，传说中的水神“共工”，治水的“大禹”，修建都江堰的“李冰父子”，乃至后来历朝历代管理水务的大臣，以及当代的水利部门等等，都足以说明人们对水的崇拜和重视。

武当山的水是有功劳的。它因肯于向下而成景，因敢于翻越坎坷而生歌；它飘动的云霓拂绿了山峦，它晶莹的晨露润红了花朵；那由纯净涤亮的万物惹眼，那灵动引诱得众禽争鸣；以雾为形，它舞美了八百里山脉；以隐为库，它“内存”了万般丰富……水在武当山是不可替代的圣物。水和龙彼此不分，有水的地方必有龙，人们便以“龙宫”“龙潭”“龙池”“龙泉”为寄托，水被至高无上地尊崇着，膜拜着，弘扬着，走过了千年百年。“水态”“水性”“水义”“水愿”，一个水字，让武当山的历史水灵灵地鲜活。然而，武当山还有另一种水，它流得崇高，流得难忘，流得辛酸，流得沉重。

那个时代，君王至上。自知肉眼凡胎的明朝皇帝朱棣，为争取政治的合法性，弄得一个名正言顺的帝位，便拿神来说事儿。他蘸着侍女研磨的墨水，一挥笔，一道圣旨下来，要在武当山敕建“紫金城”，为传说中的真武大帝加冕。于是江南九省的资财，全国30万工匠，便浩浩荡荡地朝武当山涌来。30万工匠，就意味着有30万个家庭要离散。那妻儿相送的悲戚，谁听到了？那扶杖老人盼归的泪眼，谁看到了？那在圣旨阴影下徒增的苛捐杂税，谁过问了？武当山的紫金城与北京的紫禁城几乎同时动工，一建就是14年。

14年日晒雨淋，14年风寒霜雪，14年蚊叮虫咬，14年历尽艰险。还有那14年的相思、乡情，是怎样地灼烤着工匠们的灵魂，其苦痛，其悲哀谁人能知……那时的武当山就是一个大工地，工匠们抛洒了多少汗水，又有谁说得清楚！

在武当山博物馆里，有一处被浓缩了的施工场地。工匠们有凿有扛，有刨有锯，那场面还很有些逼真。复制的岁月再形象，也难以再现那往日的鲜活。且看天柱峰垒筑“紫金城”宫墙的石块，每块都在一吨以上。那么陡峭的山崖，那么沉重的负荷，在运输工具并不发达的当初，是怎样运上去的，是怎么垒上去的，而且数百年仍如此地坚实牢固。遥想彼时情景，连当今的建筑专家们都情不自禁地发出一声声感叹。如此浩大艰巨的工程，如此艰难险恶的施工，肯定有流淌的血水，肯定有遇难的工匠。抱着一种似乎有点挑剔的心思，在那里我终于看到了一块纪念368名死亡者的石碑。“一将成名万骨枯”，这里真的是只安放了368位亡灵吗？那些死亡者名单里，是否也包括了为工程献出生命的普通得不能再普通、卑贱得不能再卑贱的“下等人”！

历经数百年的风雨行程，墨水、泪水、汗水、血水、潺潺流淌的泉水、从天而降的雨水，就这样聚集着，交织着……每一滴水都在诉说着武当山的凝重。

武当山是一部水的文化史。山是硬件，水是软件，丰厚的文化是它的内存。山，诠释宏伟；水，演绎太极。水善，滋润万物；水智，启迪灵性。水无言，山捧出花朵向它致意；水隐忍，山举起绿荫把它颂扬；水无争，山撷来秋果为它祝福；水洁净，山披挂银装为它布告……

有人说，参透了武当山的水，就会获得一种平和的心境和看待世界的智慧。所以，如果说武当山是中华灿烂文化的一个章节，水当是武当山这一章节的主线或脉络。

在武当山金顶一隅，矗立着一块圣旨碑。上面镂刻着明永乐十七年五月敕建武当山紫金城的一道圣旨：“今大岳太和山大顶砌造四周墙垣，其山本身分毫不要修动。”仅凭这一句，人们也该为朱棣皇帝说句公道话了。

这是一种环保意识萌动，是对大好河山的敬畏，还是出于一种什么别的心思？对朱棣皇帝的意欲不好揣度。但，这道圣旨的客观效果倒是值得一说。

无疑，这圣旨是一道难题，但同时也让修建紫金城的工匠们大显了一番身手，从而成为武当山乃至中国的一笔珍贵文化遗产。这里，且不说那顺势而建的太子坡造型如何奇特、美观，工艺怎样先进、考究。只说金顶的那道宫墙吧，它绕着山腰顺势而筑，最后形成的曲曲弯弯的墙垣，再加上金顶一侧一座突兀隆起的山头，当几年前人们乘直升飞机航拍时，惊喜地发现，那满山的碧绿仿佛深不可测的大海，那椭圆形宫墙又活脱脱一只龟的裙边。因而由宫墙、金顶和那座小山三者组成的立体图案，原来是一只正在游向深海的“大龟”。

这不是巧合，是武当山金顶紫金城的建筑设计者们独具匠心的艺术创造。一项工程一旦上升到了艺术的层面，其审美价值，就远远地超出建筑本身的意义了。

还需称道的是，自从朱皇帝下达了“其山本身分毫不要修动”的圣旨，后来不管是敕建还是修缮武当山的人，真的就再没有人去随意“修动”它，致使那里的山水草木、飞禽走兽们才一直悠然自得地生存着，繁衍着。那4条如练的清泉，也才潺潺不倦地歌唱着，跨越了千年、百年，而没有像“飞流直下三千尺”的庐山瀑布，早已消失得无影无踪。

游武当山期间，有幸乘船游览了太极湖。太极湖原名丹江水库，是我国南水北调中线工程的水源，始于金顶的4道清泉就注入在太极湖里。望着那青山碧水，不禁感慨万千。感慨600年前的那一次“敕建”，竟为后人保留下这方清水净地；感慨那里渗出的一滴滴清露，600年后竟有了这么一次神妙的轮回——它以“上善”之水，来回报当年曾经关注过武当山的北京城。

天姥山间踏诗行

诗仙李白，在地是风，在天为云，在他的终老之地，曾经蘸着楚江写天门。

李白酷爱山水，寄情山水，凡是他到过的地方，都留下了千年不朽的美丽诗篇。白帝城的朝霞，庐山的瀑布，异乡的醉月，大唐的落日，一丛丛，一簇簇，承载着他的政治理想、亲情、友情以及喜怒哀乐，满满地走进了他的诗里，就连他的梦境也摇曳着一束束亲山昵水的灿烂光芒，《梦游天姥吟留别》堪称他诗歌宽度的一个注释。

说起《梦游天姥吟留别》，一件童年往事不禁又敲打起我的记忆。

那时候我上小学，是第一次背诵李白的《早发白帝城》。第二天，有位小同学从家里拿来李白的《梦游天姥吟留别》，让大家猜是谁的诗。当时对于我们这些小小的学生来说，那诗简直就像天书一样深奥难懂，谁也猜不出，甚至还把“姥”读成了“老”。后经老师指点，方知那“姥”字念“母”而不是

“老”。从此我知道了这首诗，对于天姥这怪怪的山名也就开始向往起来：为什么叫“天姥”，真的有这山吗？它在什么地方？什么时候我也能去那里走走看看听听？一串问号在我心灵深处竟然晃悠了几十年。

向往终于成了现实，原来天姥山就在浙江省的仙居县境内。

说起仙居县，开始我还以为是当地为发展旅游业由某个老县名改动而来，查阅相关资料得知，这“仙居”古老且厚重。早在东晋时代（公元347年）仙居便立县，名乐安，至五代吴越时期（公元930年），改名永安，一条名为永安的溪水，不知疲倦地诠释着仙居县的沧桑岁月。北宋景德年间（公元1007年），宋真宗以其“洞天名山屏蔽周围，而多神仙之宅”，诏改今名。幸好我没有偷懒，否则真是误会了祖宗般年长的“仙居县”。

天姥山是大自然的造化，其峻险奇秀，非鬼斧神工莫为。未到达此山之前，曾疑惑地自问：李白一生喜山乐水，为什么不亲自“到此一游”，非要弄出个什么“梦”？李白又为什么要到“东鲁”去？为抻直这问号，一进山门我便睁大眼睛看，竖起耳朵听，抖开思绪想，生怕漏掉了什么。

李白胸怀天下，积极入世。诗，让他结交了天下贤士，从而也让他看到了自己通往理想实现自身价值的那条通道。经朋友引荐，他到得唐宫后，也一度得到了皇帝的青睐。可李白豪放的秉性，不拘小节的狂放，在那个礼数如盘、勾心斗角的皇宫大院里，如何待得下去。尽管“云想衣裳花想容”也曾经一时取悦权贵，可没过多少时日，他还是被排挤逐出出了皇宫。

离开皇宫后的李白心情如何？他有失落感吗？他失意了吗？据说，《梦游天姥吟留别》就是李白离开唐宫到达东鲁后而生成，因为，此诗的另题就叫“别东鲁诸公”。

东鲁在哪里？以如今齐鲁分界的山东莱芜看，此地应是泰山或曲阜一带。人们知道，曲阜是我国儒家代表人物孔子的家乡，其儒学儒教影响甚广，当时的李白不会不知道。

我斗胆猜想，失落后的李白或许正是想去东鲁走走看看，散散郁结的心垒，顺便也拜访下儒家，试试那个著名的儒学理念能否改变下自己桀骜的性情。怀揣安世济民理想的李白，悻悻地离开京城后，果然就去了东鲁。但他发现儒学与自己的性情还真的有点难以相融，住不多日，抛下个不痛不痒的《东鲁门泛舟二首》之后，便欲离开，以实施他的目标之旅。临行，东鲁的朋友们曾努力言荐：距此地一直往南，有座仙境般的天姥山，南朝大诗人谢灵运曾在那里居住，李诗人呀，您不妨也去那里走走看看，说不定又要写出个惊世骇俗的名篇大作呢！李白何曾不想去彼处乐游呢，可是他早已与故友相约，人家正在那里等待自己同游哪！临行前的那个晚上，李白辗转反侧难以入眠，好容易进得梦乡，一座心造的大山便耸立在了他的眼前。当我来到天姥山，走过看过之后，惊异地发现，这实实在在的天姥山与李白梦中的“天姥”竟然有如此多的相似之处，一时生疑是上天特为李白梦境打造而成。

天姥山中走，绿道携水行。无疑，这古老的“留别”诗竟成了人们走山越涧的导游图。按着“梦”的指引，心灵果真撷取了无数个满满的足。

站在山下望，天姥山高耸入云，一撞撞柱山就像喝了酒的醉汉，东摇西晃，仿佛只要有阵风吹来，那山们就会立即倒下。登临山顶看，天姥山又宛若一个大大的盆景，千岩叠嶂，峭石嶙峋，流韵在谷底奔忙，山鸟于洞隙筑巢，一个山的大家族在这里和谐而居。山岚中的天姥合掌胸前，为众生祈福；祥云里的观音俯视凡界，慈悲为怀。行走其间，可闻浓荫溢出的鸟语，可嗅芬芳奉送的香气。回首行踪，曲曲弯弯，美不胜收，直抱怨心，缘何不早成此行，让灵魂来个涅槃呢！

走过了天姥山，再来品读《梦游天姥吟留别》：梦缘，梦境，直至梦醒，实乃见心见性，情由志生。难怪李白要“且放白鹿青崖间，须行即骑访名山”了。也正是这一摇撼人们心灵的著名诗篇，为如诗如画的真实天姥山重重地盖上了一枚印章，使这幅天作的图画，得以面世，且流传广袤久远。

佗城不是城

佗城不是城，是一个镇。不过，2200多年前的这地儿，还真是个城，是龙川县的县城。这县城是秦始皇下旨设立的，它的首任县长就是后来当了南越王的赵佗。

赵佗少年得志，雄姿英发，精通文韬武略，19岁就成为50万平南大军的副统帅。赵佗很有出息，他胸怀“仁政爱民”的政治理想，挟着秦国的文明，一当上县长，就立志改革开放。引进铁制的生产工具，传播先进的秦国文化，帮助越人摒弃原始、落后的生产方式和生存状态，实施“和辑百越”“汉越一家”的民族融合政策。短短6年时间，就把个龙川县治理得井井有条，上下和谐，百姓安居乐业，生产水平和生活质量都有了很大提高。

人们拥戴和感激这位给越人创造福祉的人，为他建祠，为他塑像，为他立传，直至把龙川县的旧城叫成了“佗城”为知足。而有着900多年历史的南越王庙，堪称赵佗在人们心中耸立的符号。

20世纪40年代末，毛泽东曾经风趣地对要去岭南工作的同志说：赵佗是南下干部第一人。在与客家人的交谈中，他们也认为赵佗应是第一批南迁的客家人。当然，为了南越的巩固和发展，赵佗后来还采取了一次移民措施，由他建议，秦二世批准，以为军士缝补衣被为由，从北方征迁来一万五千名未婚少女。这些少女，一个个花朵般水灵灵鲜亮美丽，后来也没能再回到故乡，有的嫁给了那些征战岭南的军人，有的嫁给了当地的越人，为其生儿育女，泽荫子孙，为南越的文明和进步做出了自己的奉献和牺牲。有人说，岭南女子个个娇俏，也许正是那一个个美少女们的基因所传。佗城镇有一个村庄叫佗城村，全村才2000多人，而姓氏却达140多个，这在全国少见。人们称这是一座姓氏博物馆，也是2000多年前的那批南下军人们就地安家落户的活见证。

走在佗城的大街小巷，仿佛穿行在历史丛林深处，脚下的每一块砖石都能发出古老的回音，身边的每一件物体都会讲述昨天的故事。

苏堤是佗城的一大胜景，建于宋代。当初，大文学家苏辙被贬官来到这里后，看到当时鳌湖旱涝无常，村民田园年不保收，生活艰苦。于是，苏辙就倡议村民筑堤堵水灌田，从此年年旱涝保收。后人为纪念他，便称此堤为苏堤。

其实，如果故事仅仅于此，确也没什么太打动人之处。而偏偏是苏堤对面一座小亭子里的两副对联，令人对它不得不产生兴趣。

其一：此地亦良佳，勿太忙，且暂时休息；

前途应尚远，莫多恋，但少顷便行。

其二：为名忙为利忙忙里偷闲且在凉亭坐坐；

劳心苦劳力苦苦中寻乐卿将往事谈谈。

对联像是说书人的开场白，也有劝人宽心舒畅之意，且充满哲理，令人回味。试想当代那些猛贪的人物们，如果早读懂了此联，且践行之，说不定他们就不会堕落成人民的罪人了。

山山水水到过不少地方，曾经这样想：出外旅游，观山听水看风景，自是应当之事。但，如果要把此行赋予一个“文化”的概念，仅此便难胜其任，似乎只有贯以“读”的含义，方能读出山水的灵性，读出风景的神韵。以上两副对联，似乎在验证拙见。当然，读山水风景与读对联的意味是不尽相同的。

距南越王旧居不远处有一口井，叫越王井。此井有2200多年的资历，它滋润过南越王的口唇，也流经过普通百姓的肠胃，至今仍水波潋滟，清澈甘冽，从未干涸。南越王活了101岁，据说就是因为喝了这井里的水。

南越王的长寿究竟是否因了这井水的缘故，不得而知。但，佗城如今长寿的老人多，却是事实。据当地人介绍，仅2000多人的佗城村里，95岁以上老人就有98人，100岁以上老人也有3人。按照天人合一的自然法则，应该说，这些长寿老人与饮用的水和食用的粮不无关系。

行走在佗城，俯视身边流水清澈，眺望远山树木葱郁，不由想到了人对大自然的依赖和对其保护的责任与义务。佗城人或许正是因了这里的青山绿水吧，再加上他们因袭了祖上底根旺、底色强、底气足、底蕴厚这些从远古奔来的源源不息的流韵的滋润，心灵洁净，身体康健，那一颗又一颗长寿星的光芒，自然要偏爱他们，照耀他们，也就不足为奇了。

峡谷竹韵

是峡谷风的沐浴？是江南雨的滋润？毛竹，3月破土，4月拔节，5月刚过半，便长成了这典型的男子汉形象:挺直，高大，一株株，一片片，或伫立路旁，或云集谷底，以坚韧刚毅、不卑不亢的个性，向路人宣示自己的存在。这便是我去福建泰宁，在寨下大峡谷第一次见到毛竹时发自心底的惊羡。

我爱竹，尤爱江南的竹，却始终无缘去那里看竹、赏竹、细细地品竹。于是，一些竹的画，竹制品，往往就成了我心灵的慰藉。

还在部队时，办公室里有老首长从云南边境带回的一把竹椅。那竹椅已经跟随他多年，扶手上的竹片竹皮亦已破损，我就用布把它包上，缝好。老首长转业地方了，临走就把它留给了我。那竹椅又伴我多年，直到我调转了单位，还经常回去借故看看它。我的朋友中有不少是画家，可画竹的不多。听说正安先生是画竹高手，便立即向他求画。先生慷慨，二话没说，不几天就送我一幅名为“劲节图”的水墨竹画;我亦立即找画店裱好，挂上厅堂，如今已伴我数载。

时过境迁，那竹椅早已成为记忆;那竹画笔力遒劲，直抵心性。而眼前这实实在在、生龙活虎般的竹呢，堪称气韵生动，摇撼心灵。

对于毛竹，过去一无所知，见峡谷里一棵棵碗口粗细的毛竹在身旁耸立，用北方的眼光看，原以为起码也有几岁龄了。问导游方知，凡那些竹干表面还挂着白霜的竹子，都是当年的新竹。进而还获知，毛竹是世界上生长速度最快的植物，45天时间，就能长到20多米高。而后5年的时间里毛竹丝毫不长，到了第六年雨季到来的时候，它便以每天6英尺的速度向上挺进，15天左右就可以长高到90英尺，成为竹林中最惹眼的身高冠军。更为奇特的是在它快速生长的那段日子里，处在它周围10多米内的其他植物会像接到命令似的都停止了生长。等到它的生长期结束后，那些植物才又获得了生长的权力。真是自然界一大不易为人所知的奇观。

从内行的植物学家那里还得知，毛竹的前5年不是没有生长，只不过是以一种不易被人发觉的方式在生长——努力地在地下发展。经过5年的“地下工作”，一株雏竹的根系已经向周围伸展了10多米，向地下也深扎了近5米。所以，当第六年雨季到来的时候，它才能够几乎以资源垄断的方式独自生长。而此时，周围其他的植物只能望竹兴叹，眼巴巴望着它长高。

毛竹的生长过程或许会给人一种启悟:天人合一，心同自然。只有打牢基础，扎扎实实地做好强壮根系的事情，才会如毛竹一样拥有旺盛的生命力、生长力，直至长成葱葱郁郁的一片风景。 这也给人类社会中有些喜好做表面文章、搞面子工程的人不能说不是一种有力的暗示和提醒。

穿越了数公里的寨下大峡谷，边看边想，仿佛真的阅读了一部内容厚重的哲学著作。那里充满了哲理，充满了思辨，充满了对立统一——古老的峡谷与新生的毛竹，皲裂的天岩与新竹的青秀，缓慢的变异与快速的生长……让人品咂不尽。

在植物界，毛竹真的是一个值得赞美，值得骄傲的家族。它不像峡谷里那些藤藤蔓蔓，喜好攀附高枝儿以炫耀自己的高大威风;也不像那些枝枝杈杈，喜好是是非非地叽叽喳喳。而毛竹，独立正直，向上向善，要求的很少，奉献的很多——它驱除了峡谷的空旷寂寥与乏味;竹笋可食，味美，且营养丰富;长大后又可用来织席编篓，制筏做板，就连那条著名的“朱德的扁担”也是毛竹的贡献。

毛竹尽管不是这大峡谷的主角，却尽着志愿者的责任。一年四季，无论晴天雨日，它都在一刻不停地演奏那首生命之歌，新生之歌，绿色之歌。

仰望雪山

千里迢迢，奔赴耸立于川北地区的雪山脚下，大脑传递的第一个信号，就是仰望。

哦，仰望雪山——

这是缘于崇敬而酿成的久盼所导致的一种以亲切的目光触摸晶莹的姿势。

这姿势，曾经是一种向往，是一种期待。

你，被风云簇拥，由雷雨裹挟，受信念委托，咔嚓咔嚓，又让照相机们悄悄地摄进底片，植入心灵，并且成了一种静默的美丽。

红军爬过的岷山雪峰呀，一种使岁月的流水无法涤去的记忆。

在仰望者心里，你是一座丰碑，你是一笔遗产，你是送给未来和希望的一件珍贵的礼物；你是巨轮，你是扬帆，向着未来，正破浪行进。

你不是那位白发苍苍的长者，手持拐杖，喋喋不休，总爱把昨日的辉煌挂在嘴上；你也不是大草原上那顶追随季节搬来挪去的蘑菇帐篷，东西南北，居无定所；你不屈，你坚定，你刚毅，你是曾经嚼碎过一个腐朽时代，至今依然完好无损、颇具硬度的钢牙利齿！……

当目光沿着陡峭制作的险峻，攀登上雪山峰巅的那刻，仿佛才突然地领悟：尽管我挖空心思痴人说梦般地赋予你那么多赞美，但最终还是无法与你所持有的那哲人般沉思的头颅伦比，无法与你所固有的高大巍峨伦比；似乎还隐约感觉到你斩钉截铁地存在活像一架庞大的制冷机，正在不断调节这世界的温度，因而也才使传统里的优良成分保持了长新久鲜。

真想将激情澎湃的心情悬挂于此，让那颗血红血红的心锤把这悬天的洪钟撞响，让那一声声振聋发聩的轰鸣，闯入并警醒那些沉醉的睡梦。

仰望雪山——

在一束束热烈的目光下，你会流泪吗？在一声声深情的呼唤里，你会应声吗？你肯把缘你而生成的那份向真向善向美的心灵冷藏起来，使其永不变质吗？

哦，雪山！

一个大鼓催生的民族

看景不如听景。这话拿到了西双版纳，自然要被否定。

在版纳几日，能够完全否定这话，直至把这话的前后位置颠倒的力量，对于我，既不是那里令人心醉的满眼秀色，也不是处处盈耳的百鸟鸣啭，更不是深秋里彩蝶们依然挥洒的四野芬芳，而是来自那古老且蓬勃、遥远而清新的不可抗拒的对原始的感动。

原始的确是一种美，是那种最本真、最自然的美。它有如种子拱出的第一柄芽蕊，虽弱，却宣告了诞生；它有如长河源头的涓涓细流，虽小，却启动了浩荡。又如一泓净水，它能把心灵涤亮，能把生命润泽，能把从都市带来的所有芜杂、俗欲、烦忧，一股脑地洗个干净，让正在沙漠化的灵魂再生发一片绿洲……

聚居在西双版纳的基诺族，是我国56个民族中的最后一支，是1979年国家才正式批准确认的一个单一少数民族，总人口约20000人。过去，基诺族一直生活在与世隔绝的高山密林中，50年代还处于原始社会末期，按氏族组织村社，过着共同劳动平均分配的生活。基诺族只有语言，没有文字，60年代还要靠“刻木记事”。被基诺族人视为图腾和神物并加以崇拜的是“司吐”，也就是人们所说的大鼓。这鼓我见了，它造型独特，美观大方，鼓周嵌有数根木楔，似太阳的光柱，所以，又被形象地称作“太阳鼓”。

善良纯朴、热情好客的基诺族乡亲走来了，他们总是以本民族最隆重的礼节——大鼓舞迎接尊贵的客人。

八对男女青年，穿着最原始也是最典型的基诺族服装，每人双手各持一根如舂米用的短木杵，鼓手用它作击鼓的鼓槌，舞者则用它作击节伴奏的道具。当他们俯身膜拜“司吐”的刹那，或许是被舞者的虔诚感染，或许是观者正期待一种什么，那一刻，全场静得出奇。就在这被演者营造的出人意料的“静”里，我仿佛看到了基诺族的创世女神——阿膜腰波在一片岚光中正缓缓翕动眼睑，并娓娓嘱告：一个混乱不堪的世界已经埋葬，一个新世纪孕育着的新生活就要开始。聆听那催发新生的轰鸣吧！

八对男女青年缓缓起立，如同梦中醒来。鼓声倏地惊雷般震响了，在两件铜器的领奏下，他们各自敲击着手里的木杵，围着“司吐”跳起了欢庆新生的大鼓舞。这鼓蕴藉旷古的声响，这鼓传递始祖的心韵。这里发出了振聋发聩的原始冥音，它正越过千山万水，直逼人的灵魂深处——那是一番怎样的千劫不覆的情景啊：远古洪荒，日月星辰，天地万物皆为创世女神阿膜腰波所造。她造出了人类，也造出了飞禽走兽。但是，此时的动物、植物都会说话，和人们互相争食，吵闹不休，把世界扰得混乱不堪。于是，阿膜腰波决定：毁掉她亲手创造的世界。

阿膜腰波用木料和牛皮做成一个大鼓，她只把善良纯朴的玛黑、玛妞兄妹二人放进鼓内，并告诫："鼓不被撞出响声，不要划破鼓面。"阿膜腰波做完这一切之后，便造法天降大雨。就这样，滔滔洪水吞没了创世女神第一次创造的人类。七天七夜后，漂流的木鼓被撞击发出"咚咚"的声音，玛黑、玛妞依照阿膜腰波的吩咐用小刀划破鼓面，从鼓中走出，并在现今的西双版纳基诺山落脚，繁衍了基诺民族。

这是最原始的传说和故事，它寄托着基诺人向往天下和睦、人们生活幸福以及善良美好的心愿。而短短十几分钟的大鼓舞，竟把一个民族诞生、成长的经历阐释得如此淋漓尽致，也着实令人感佩。

在基诺族村寨，我还谒见了这样一位基诺族老人。她半卧在一张用木板架起的露天床铺上，嘴里嚼着槟榔果，赤裸着双脚。据说她一生从未穿过鞋子。老人的儿子告诉说，她母亲已经百岁有余，身体依然硬朗。这是一位见证原始的老人。有人想为她拍照，老人摇手示意不允。她不会汉话，那意思是说，照相会吸走她的灵魂，那样不但自己要折寿，始祖也会责怪她的。人们都很自觉地遵从了老人的意愿，谁也没有抱怨责怪什么。因为大家谁也不会吝啬地去苛求一位刚刚涉出原始社会，一下子又跨越了那么多年代的原始老人的观念也非要和我们一样开化，一样来接受这世界造出的种种新鲜。这正如再过50年后，当我们这些如今已经50岁左右的人假如也活到了百岁，那时，当面对一个50岁的后生，二者的观念也必将有一个惊天动地的差异，否则，那就是时代的不幸了。

缓步行走在基诺族村寨，脚踏镶嵌着牛角的山路，细数那里依然保留着原始韵味的十分简陋的起居室、灶火膛、劳动工具……一景一物，尽管有些老旧，甚至有的已经残损，也不由人动情地发出几多感慨，感慨这个民族生存的顽强与奋斗的坚韧。

造物主果然偏爱西双版纳，不然就不会把这么多值得留恋的美好赐予她。但最令我留恋的还是那闪射着纯正自然光辉的原始景物。比如密丛中正在戏水尚未经过驯化的野象，比如令人毛骨悚然为争夺生存空间而奋力绞杀的植物，比如原始森林中一株朽木上附生的另类新棵……正是这些具有原始野性、不带任何修饰与矫情的真实，使我的心灵受到了一种震撼。

转眼从版纳归来已经数日，我依然眷恋着那本真而又充溢灵性的原始，眷恋着那向原始回归的勃勃生机，且坚信这眷恋并不是那种向陈腐倾斜的恋旧心结。

中秋望月

中秋好月朗照，月亮注定是今晚的主角。从心灵出发，揣上最真纯的心绪，设圆月为远方的盛景，让目光和心情一起去旅行。最好把视线搭上圆月，再缠绕几圈，拽住那月，让她行走的慢些、再慢些，与她相靠的近些、再近些。

望月，不免会记起“床前明月光”“明月几时有”的唐风宋韵。“春花诱春心萌动，秋月惹秋思缠绵”。那里有相思，那里有怀念，那里有阅不尽、听不够的心结和幽幽伤感：因了思团聚而盼月圆，因了惦亲人而祈月圆，因了诉衷情而拜月圆……甚至把缘于思念、期待、分离而酿制的千情百结都寄意中秋圆月——东西南北待秋月，终使“天涯共此时”。

那是身负重托的中秋圆月吗，那是踽踽独行的千古寂客吗，那是垂钓乡情的丝丝银缕吗，那是虐待相思的千般惆怅吗，那是一只召邀呼唤的铜号吗，那是一个深梦回归的穴口吗！

其实，中秋望月，不仅慰藉了千千万心灵，更是在尽显她的善能：皎洁的月光似水，可洗涤心性；娇柔的月色如醇，可滋养灵魂。那月是承载美的使者，是种植梦的土地，是绽放在心中的花朵。她娇艳馨香，可触可摸。亮在心里，如在身边。是谁把月光斟满心杯，让我在梦中与你同醉！

把圆月紧紧地揽入怀抱吧！那是一种情怀，一种信心，是对一个美丽的梦的拥有。

望中秋圆月，美丽倾洒人间。若月下漫步，可花间林径：清风动月影，银辉沁心脾，心清气爽。若庭院闲坐，可美酒香醇：听歌吟诗，抒情咏怀，伴舞姿绰约。

中秋好月朗照，这边风景独好。中秋月不知疲倦地努力照耀，宝蓝色的夜空仿若悬起一面明亮的宝镜，又似在敲响一只巨型的金鼓：天上月圆，亲人团圆。人间盼事圆，心中追梦圆……

走向崇高

——写在“瞿秋白被囚处”

小院很小，被高高的围墙圈着。小院隐匿在长汀县城一隅。小院里，仅有的一棵石榴树和一棵桂树，对峙地占据着各自一角。

小屋也不大，两间。如果不是有片天井照着，潮湿的小屋会愈显阴暗。小屋的主人呢？一张眠床曾经安放过他的忧思和梦呓；还有一把旧椅，一张木桌，一盏油灯，这些都曾经伴他完成了《多余的话》，然后他就起身走了，一直走向500米外的那片草地。他说：“此处甚好。”而后就从容地坐下，先是用手理了理被晨风吹乱的头发，接着就唱起了自己翻译的《国际歌》和那首他平时最喜爱的《红军歌》……刽子手的枪声响了，他倒在一片血泊之中。那血，润红了他身下的土地。从此，那里的草更绿，花愈明，树亦更高大，成为一道风景，在客家人，不，在全中国人的心灵深处珍藏。

这是一次伟大的睡眠啊！时年他才36岁。

36岁，风华正茂，正该是叱咤风云的年岁！而且，他还那样地眷恋着这个世界。请听那番并非“多余”的话吧：“这世界对于我仍然是非常美丽的。一切新的、斗争的、勇敢的都在前进。那么好的花朵、果子，那么清秀的山和水，那么雄伟的工厂和烟囱，月亮的光似乎也比从前更光明了。”《多余的话》不多余，那是一位老实人说出的老实话、真心话。那“话”不作秀，不掩饰，用锋利的解剖刀勇敢地对准自己，把灵魂解剖了交给党，交给人民。坦荡的胸襟，英雄的气质，一部《多余的话》淋漓地倾诉了自己的情怀。

身在被囚处，他的心是飞动的，那是一位诗人的心，一颗作家的心，一个才情横溢、坚定的革命者的心。那时候，他一定想到了正在长征途中跋涉的红军，看到了小院里正硕硕地开放的石榴花和浓郁着的桂树叶，甚至树上甜蜜的果实以及对革命胜利后美好的憧憬——“那么雄伟的工厂和烟囱”。可惜这一切都将不属于他了，因为在生与死的抉择上，他早已坚定地选择了后者：一次次拒绝了崇拜着他的学生——时任国民党高官宋希濂的劝降。据说，蒋介石也看重瞿秋白这个人才，曾派大员前来游说，并表示不必发表“声明”，只答应去国民政府做一名俄语翻译就够了。

生命是宝贵的，宝贵在它不能死而复生。在一次次利诱、劝降面前，在生死抉择的重要关口，他有足够的时间可以想很多很多。他一定想到了客家先贤文天祥“人生自古谁无死，留取丹心照汗青”的诗句，也想到了为变法而慷慨就义的谭嗣同，还想到了曾经和他一起从事过共产主义运动宣传的李大钊，甚至历史上那些投机钻营、背叛人民、背叛革命意志的败类们。而且他深爱着自己的妻子，牵挂着他抱养的也是他唯一的女儿……在孤独的囚禁中沉思、抉择，他的心灵经历了怎样痛苦的折磨，他的精神经历了怎样艰难的挣扎与摆脱！对往事的沉思和对亲人的眷恋，都化作丰富的精神营养，滋补了他的灵魂；小小的囚室也仿若一座烈焰熊熊的熔炉，直把他的意志冶炼得更加坚强，信念更加坚定！

瞿秋白是伟大的战士，坚定的革命者，他以自己的慷慨赴死，实现了他的“人爱自己的历史，比鸟爱自己的翅膀更厉害”的心愿。就这样，瞿秋白走了，走得从容不迫，走得大义凛然，一直走进历史，走向崇高，走成闪耀天宇的一颗星辰，被世代仰望。

第2辑·庭院 香茗

曾经“著名”

我的名字是爷爷给起下的。

爷爷似乎有先见之明，还在大哥刚出生时，他就为我们兄弟5人在“庆”字辈的后边分别注下了“安、泰、平、均、和”5个字。当先我问世的哥哥们抢占了前边的4个字之后，这最后的一个“和”字，就不容置否地摁在了我的头上。

爷爷起的名字果然灵验，当母亲生下我两年后，据说她又怀了孕，结果，那个小“弟弟”还没来得及在这世界“哇”上一声就夭折了。母亲从此也被病魔缠住，而且一缠就没能挣脱。后来每当我淘气，姐姐气得没有办法时就呵斥我：“你独”，独死了“弟弟”，还独死了母亲！

“独”与“不独”那都不是我情愿的事，情愿的是我自己认定了这个名字。不像三哥长大后擅自把“平”改成了“华”，也不像四哥把“均”也写成了“军”，直气得爷爷好久都不肯承认这两个字。

我是在故乡的那个小山村里靠苦苦挣扎才生长起来的。

那时候我认为我属于名字，名字就是我，这世界不会再有第二个“张庆和”了。可是，我错了。第一次知道还有一个“张庆和”是在辽宁省沈阳市的北陵公园。那一天，我独步公园小径，走着走着，一块墓碑矗在了眼前。细目一望，只见上书“张庆和烈士之墓”。

“不会吧！怎么可能呢？”凝眸再瞧，一字不差。

这“张庆和”是位飞行员师长，1953年4月在抗美援朝的一次空战中牺牲，时年仅32岁。太可惜了。如果他活着，说不定我还真能与这位同名同姓的大哥哥邂逅，聊聊家谱呢。因为当时我正在空军部队服役，也是32岁。让我和一位同姓同名之人恰在他生前同岁时“相遇”，是巧合，还是冥冥中的一种安排？我说不清。后来从有关资料中得知，这位“张庆和”是河北宁晋县人，生前为空2师师长兼空军司令员第一指挥助理。其英雄事迹被记录在《志愿军烈士英名录》中。

这就是我知道的曾经在我心底引起刹那震颤而且再也没有忘却的一位“著名”的“张庆和”。

“我”的第二次“著名”是1992年在北京参加一次青年诗人笔会开幕式。那一次，会议的组织者不知为什么要把我安排到主席台就座。会前，我坐在下边，不敢走上去。因为，从我参加工作起，20多年了，在这样的场合，我一直是处在仰视的地方望着他人，从未坐在高高的主席台俯视过。记得当时，望着主席台小牌子上“张庆和”的名字，甚至想，那不会是我，因为我没成就，没名气，没有资格往那里坐，说不定一会儿就会有另一个一字不差的“张庆和”坐上去呢。

正想着，一位老成持重的长者来了。他望着名牌上的“张庆和”问诗会的组织者：是老“张庆和”还是小“张庆和”？不出所料，果然还有一个“张庆和”要来。等着看吧。我静坐会场一隅，窃想。

结果是，那一次只出现了一个“张庆和”，他的确被拉上了主席台就座，而且破天荒的是被组织者以“著名”青年诗人介绍给大家的。记得当时听了“著名”二字，我心里慌，脸发烫，真希望那“著名”二字是他的口误，或者台下的百多位与会者根本就没听清那两个字。

那一次我认识了诗人慨燃，他就是该会的组织者。那位问是老张庆和还是小张庆和的长者，就是中国社会科学院文学研究所的诗歌理论家何火任先生，那是我们的第一次相见。何老师所问的小“张庆和”就是本人。会后，他说他已经注意到我在一些报刊上发表的诗歌了。

那著名的老“张庆和”又是谁呢？

经多方打听，数次询究，我知道了。他家住湖北的一个县城，是位农民诗人，整整长我21岁。他的身世、经历，以及文学之路，颇似人们所熟知的高玉宝，苦出身，小时候给人放羊。他文化不高，主要靠自学，很勤奋。他写诗，也写剧本，书法也不错。诗歌《石头歌》曾入选中学语文课本，还到北京参加全国青年创作会，很早就加入了中国作家协会。据说，这位叫张庆和的先生眼下正在写一部长篇小说。

无疑，这是一位同名同姓同道的老师，真想有一天能彼此相逢，以聆听师长的教诲，倾诉世道的颠簸，感叹人生之路的坎坷。不知此愿能否到得眼前。

当然，我的名字还有一次能够“著名”简直就是一个幽默故事。

那是我从部队刚转业不久的事。一天，《北京晚报》报道了一起杀妻案，罪犯的名字就叫“张庆和”。说真的，这篇报道至今我也没有看到，当时是远在辽宁的原部队的老战友看到了。因为他一时尚不知道我转业到地方后的情况，便打听他复员在北京的战友，说张庆和的媳妇很漂亮呀，他们家是不是出事了？他北京的战友一时没能找到我，也四处打听。幸好他战友的战友的朋友很快就和我取得了联系，当知道我依然是个遵纪守法、老老实实完好无损的“自由人”时，才大笑着讲述了此事。

至于那个杀妻的“张庆和”家情况怎样，他本人该死该活，都已无须再说。恶有恶报，相信那天理之手拨转的轮盘，必会无情地碾轧作恶者的。

这就是“张庆和”的著名以及“著名”的张庆和。

话到这里，其实一个人是否真的“著名”，是否真的有人认为你“著名”，早已经不重要了。重要的倒是一个被符号笼罩着的自然人，应该有一盏自燃的心灯时常照亮自己的五脏六腑，以免让灵魂不小心陷进泥沼，或者误入黑暗的角落。

尴尬往事

人在无意中做了不该做的事，弄得人很狼狈，很没面子，这就是尴尬。这种事，相信人人都会有，我也毫不例外。

拉错手

那时候我还年轻，正谈恋爱。因为我和当时的女友都住在京郊，去乡间小路徜徉，或在月光下散步，边走边聊，就成了我们的一种“恋爱行动”。我走路比较快，是当兵齐步走练的，女友总是跟不上，有时落得很远了我才发现。每当此时，女友就做出很“生气”的样子，故意背过脸不理人，非要我折返回去，亲自哄她一阵才肯继续“前进”。

一天，我俩去逛王府井。那时候通讯很不方便，不像现在呼机手机的什么都有，熙熙攘攘的大街上，人一旦走失了，是很难找的。商店的广播里就时常有“现在广播找人”的声音响着。那是发生在横穿王府井马路的一幕，为防止身旁的女友落在后面，我就顺手拽起她的手，径直往马路对面走去。没走几步，觉得有些不对劲，那手似乎在往回缩。以为是女友不好意思我当这么多人拉她的手，想抽走，就又使劲攥了攥。可那手终于还是抽走了。这时候我扭头一看才发现，原来手里刚才拽着的并非自己的女友，而是一个毫无关系的陌生女孩，这时候再找女友，才看见她正站在马路对面的人丛中吃吃地笑我呢……

后来，这女友就升格为我的妻子，那“拉错手”的一幕也就成了彼此经常使用的一种“笑料”，调拌我们的生活。

进错门

一般情况下，男女卫生间都是紧挨着的。我当时工作的办公室曾经紧挨女卫生间，每当要去那个地方时，出门只要右拐经过一个门口再进第二个门口，保准没错。无意中，这“经一进二”就成了一种习惯。

可后来单位偏偏调整了办公室，这调整的办公室也偏偏只移动了一个门。

那是刚搬进新办公室没几天，一次，我急匆匆地要去洗手里的擦桌布。按照新办公室位置的要求，这时候头脑里的那个“习惯”按钮应该调整到“出门右拐经二进三”才是，可我一时竟忘记了调整，一下子就闯进了“二”。

这地方可是上帝为男性公民设置的禁区啊！幸好，是那天女卫生间里间内两个高八度的对话声音及时警醒了我，使我迅即退回了脚步，走廊里也没有人发现，否则，这尴尬的场面该让人如何收拾呢！

唉，习惯，都是习惯惹来的尴尬。

穿错鞋

2004年4月中旬的一天。山东某市邀我作为嘉宾去参加一个颁奖会。早晨五点半钟左右，火车驶进了泰安车站。

该下车了，我从中铺下来，穿上鞋，收拾好东西，迎着朦胧的晨光走下了火车。那火车只停几分钟就开走了。

走出站口，天已渐亮。迎着接站人高举的名牌，一抬腿才发现自己脚上的棕色皮鞋有一只变成了黑色。天那，是我穿错鞋子了！

一错造成二错。当时想，那位被我穿错了鞋子的旅伴不知发现没有，如果发现了，是笑是骂是怨，只能由人家去了。为了不在颁奖会的主席台上露尴尬，我只好赶紧去商店买了一双新鞋换上。说到这事，我还要真诚地向那位被我穿错鞋子的陌生旅伴道一声歉：“真的很对不起！”

不少同事曾经以为我是个细心人，从这几件尴尬往事看，其实我也是个很大意之辈。由此想到，平时不经意间，对朋友、对同事肯定还会有一些粗枝大叶的地方，若此，只能请大家多多包涵了。

感恩——我的2014

只听“咕咚”一声，就像天上掉下一个什么东西，那声响裹挟着“2014”一下子就落到了我们眼前。

这掉下的是个什么呢？我说它是苹果！苹果又香又甜，从南到北，大人孩子都喜欢。在过去的一年里，人们咀嚼着、吮吸着、消化着、吸收着它的丰富营养，一年的日子被滋润得香香甜甜。

苹果是长在树上的。吃水不忘打井人，那栽苹果树的人呢？这不由使我想起一句出自外国的著名诗句，“即使世界明天就要结束，我也要栽我的苹果树”。的确，我们应当“知道感恩”，感恩那些在过去一年里不辞辛苦地栽植“苹果树”的人，他们“把自己当成干柴，甘愿投入熊熊的燃烧”；黑暗中释放光明，寒冷时递上温暖。正是因为有了那么多、那么多为国家富强、为民族振兴、为人民幸福勇于担当、不辞劳苦、自觉奉献的人，我们所走过的道路才少了许多弯曲，才避开许多坎坷，安顺地一路走来。所以，感恩“2013”便是我在

“2014”要表达的第一个心愿。

当然，如果只感恩为国家、为社会做出贡献的人，这还不够完整，还要感恩关爱、关心我们点点滴滴的那些身边的亲人、同事和朋友。正是有了他们的无微不至，我们的生活才每天都充满阳光，我们的日子才过得有滋有味儿。前几天一时兴起，一口气写了八首儿歌。念给四岁的爱孙听时，问他喜欢哪一首，没想到他竟对包涵感恩内容的《我的春节》特有兴趣。那儿歌是这样的：男孩放花炮/女孩穿花衣/爸爸妈妈忙年货/爷爷奶奶笑嘻嘻/我是外婆抱大的/外公让我当马骑/年夜敬上感恩“酒”/亲人都在我心里。幼儿尚有意，何况我等大人乎。所以，新春佳节之际，抽点时间去看看父母，看看亲人，向他们恭敬地奉上一杯用真情酿制的宽慰，也算是一种“知道感恩”的分内之举吧。

“知道感恩”还仅仅是第一步，是认识的初级阶段，还远不是社会和时代的发展进步对我们的要求。因而，“懂得感恩报恩”才能使心灵净化，使境界升华，使人生能够站在一个高点上眺望或俯瞰；才能在心灵深处拥有一种意识的自觉，并且使这种自觉成为一架品质优良的驱动器，促动我们以感恩报恩的情怀不停步地向前行走。

行走有起点，改革无终点。几十年来，我们就是在一种如春潮涌动般改革力量的推助下，朝迎旭日，夕数晚霞，一天天、一年年，革故鼎新，终于使我们的国家走到了一个让世界刮目相看的位置。因此说，2014年的重要元素之一依然是改革，也是我们企望报恩国家，报恩社会的着眼点之一。这是因为，改革不但让国人尝到了甜头，看到了奔头，拥有了剪断乱绪，割除弊端，劈开路障之利器，非“改革”莫属之信念，而且看清了必须进行继续改革之重要和必要。所以，“2014”注定是一个不寻常的改革之年，也是给人们带来希望和信心之年。在这一年里还会有铭记史册的事情继续，还会有震撼心灵的声音回荡，还会有不可预知的“突然”降临。理解改革，融入改革，直至承受改革，都应看作是我们感恩报恩——报改革之恩的一次别无选择、心临其境之义举。

无疑，“2014”是我国全面推进改革之年，感恩也会随之成为楔入我心中的一个关键词。不但要感恩改革本身，感恩那些为改革做出贡献的人，更要感恩那些为改革做出牺牲、付出代价的人——比如我们的下岗职工，比如那些正在默默地承受改革压力的人；还有脚下让我们立根的土地，头上让我们遐想的天空，以及天空里照耀的太阳星星和月亮，直至每一缕清风，每一片彩霞，每一簇云朵……

故乡有棵枣树

故乡半山坡上，丁字路口处，生长着一棵枣树。

枣树树干很粗，要三个小孩子牵手才能搂得过来。这树很有些年纪了。

老李家人说这枣树是他爷爷的爷爷的爷爷在在野地里捡到一棵树苗，看那丁字路口有个土坑，就把他埋下，又随意撒上泡尿，那树就活了，慢慢长大起来了。

可老张家的人说这枣树是他爷爷的爷爷的爷爷见那丁字路口有个土坑，用铁锨一剜，就把自家院里一棵小枣树移植过来了。而后就是浇水，养护，那树就慢慢长大起来了。

乡亲们觉得他们说的有根有据都有理，据说多少代人也没有认定这树的完全归属：说是李家的树，行；说是张家的树，也行。就这样，这树在人们的关注下，在大家的议论声里坚守着脚下的土地，且不断地做着踢腿运动——树根越扎越深，不断地做着伸展运动——树冠越长越大，不停地做着扩胸运动——树干越来越粗，终于令人刮目相看起来。

那是一棵甜枣树，树上每年都会结不少枣子。那枣儿椭圆形，就像后来我所知道的橄榄球的一个缩微版。

春天，枣树长叶、开花都很晚，比洋槐花要晚很多很多。小伙伴们就等着它开花，想着它结枣，盼着它成熟。那是秋天到了呀，便有大孩子爬到树上，把争着先红先熟的枣子摘下来，装进上衣口袋，然后下树后分发给我们这些小小孩子。给多给少，先给谁后给谁，那可是有讲究的："以后从家里再拿什么好玩的出来，必须要先给我；以后不能再找谁谁去玩了……"唉，孩子小啊，管他是不是情愿呢，先答应下来，吃到枣子再说。

就为了能吃到枣子，小伙伴们对这枣树是很爱护的。比如，如果发现有谁拿小刀在它身上乱刻乱划了，有谁用石块打它的叶子了，小伙伴间会立即通报"情况"；很快便会有人通知他家大人；如果那家大人不肯接受孩子们的"报告"，最狠的说不定哪天夜里他家院子里就会落下一块不大不小的土坷垃来。就这样，那枣树在大家的呵护下，春天按时长叶，夏天及时坐果，秋天吗，准会满足我们这帮淘气孩子的期待。

20世纪50年代末，家乡闹了大旱灾，大家都自觉地过起了吃不饱穿不暖的日子。要说那日子有多么苦，当小孩子的并不懂，只知道那些饭菜不如以前的好吃了，小伙伴们谁也不再把零食拿出来分给大家了。我就是因为吃了一种叫做"本槐"树叶子做成的“菜豆腐”，而闹了个脸肿，眼睛都“胖”成了一条缝。为了不挨饿，有的人家便外出讨饭，有的人家便选择了阖家搬走。无疑老张家是选择了后者，因为，自那年那天他们一家搬走以后，我们就再也没有看见过老张家的人露面。

老张家的人走了，那枣树有点不太情愿地便归属到了老李家的门下。枣树有了归属，枣树的主人对它就“格外”的看管起来，而且看管得很严：先是在枣树周围垒起一圈石墙，见依然挡不住孩子们的攀爬，就又在枣树干上捆扎了好几道酸枣枝圪针。孩子们吃不到甜枣心里不甘心呀，每年那枣树刚坐果就有人趁夜色偷偷拿石块打嫩。再后来，不知是什么原因，老李家就把那枣树给杀了（老家人管砍树叫杀树）。据说那枣树干和枣树枝被做成了很多打场用的木铣、木耙、木叉，有的还做成了犁杖，据说拿到集市上卖了不少钱呢。

一晃快过去六十年了，不知道那个丁字路口闲置的土坑里，是否有人新栽了什么树；如果栽了树，那树的命运又该如何？多少年了，我心中一个拧着的问号，一直没有被抻直过。

关于狼的记忆

关于狼，从刚记事起，它就被大人们狠狠地楔进了我的记忆。

狼凶残，狼狠毒，狼贪得无厌。为吃掉可爱的小羊，它有时甜言蜜语地唱“小羊儿乖乖”，有时又蛮不讲理、面目狰狞地直逼在下游喝水的小羊。

狼可怕，狼可恨，还吃小孩。这就是我对狼的最早和最初的印记。所以，怕被狼欺骗，我才懂得了不要轻信；怕被狼咬伤，我才不敢与狼共舞；怕真的遇上狼时无人救助，我晓得了什么时候也不能开“狼来了”的玩笑的道理。

大约七八岁时，我去远在北大荒的大哥家居住。那里人烟稀少，刚去，大哥大嫂就千叮咛万嘱咐：这里不同老家，晚上千万别出门，白天一个人也不能走远，这里狼多。

他们的话一点不假。记得刚到那里没多久，我就看见了真的狼。那天我坐在一辆装满羊草的马车上，远远地看见两只狼一前一后地行走着。两只狼始终相间几十米，而且还不紧不慢地走走停停。由于早就有了关于狼凶残、狼可怕的意识，一听说那就是狼，而且还正朝着马车走来，我心里自然就有些害怕，双手情不由己地握住了身边那把装草用的钢叉。

车老板樊大哥告诉我，那狼饿了，寻食呢。不过不用害怕，狼怕响声。樊大哥还说，那狼一前一后，不即不离，是它们为防侵袭而养成的一种自我保护习惯。说着，樊大哥便很优美地甩了几个响鞭。随着几声鞭响，两只狼果然转向走了。就是从那时起，我知道了狼很聪明，狼怕响亮的声音。

第二次见到狼是在北京动物园。由于那狼在笼子里关着，尽管它急得一刻不停地转来转去，也不会令人害怕的。因为谁都知道，被关在笼子里的狼，和死去的狼没有什么两样，对人不会有半点伤害。

第三次遇见狼，应该说是一次历险。

那是我成为军人的前一年，正在黑龙江畔的一家苇场做修理工。过春节时，那些有家室的师傅们都回家过年去了，只留下我们几个小光棍巡守场区。那里满场都堆满了收购来的芦苇，主要是怕失火。夜里巡查时，之所以每人手里要握一把钢叉，一是随时准备和胆敢来破坏的“阶级敌人”进行搏斗，但最主要的还是防备野狼的袭击。因为那是个冰天雪地的冬季，狼的食物奇缺，夜里走村入户，吃鸡吃鸭、叼猪啃羊，甚至人也被咬的事，时有发生。

那天夜里才12点多钟，我们一行六人正走在巡查线上。突然，不远处有几个荧绿色的光点在向这边移动。生长在东北的赵师傅年龄最大，他立即提醒：大家注意，那里有狼！

随着他的话音，我不禁毛骨悚然起来。那一刻，似乎已经不知道自己是身处何地，脑袋里简直成了一片空白。

还是赵师傅冷静，他指挥我们背对背围成一个圈，手持的钢叉齿头一律朝外。然后又让大家用随身携带的螺丝刀齐声敲击叉的钢齿。

那几个绿色的光点不动了，我们依然不停地敲打着。慢慢地，那几个恐怖的荧点终于开始向着另外一个方向移动。赵师傅提醒，大家不要慌乱，你们在前，我断后，一律把钢叉扛在肩上，叉尖朝后、向下。回值班室！

大家安全地回到了值班室，关紧门。那一夜，大家谁也没敢再出屋门。但我们听见，没过多久，那些狼又回来了，似乎还多了一些，而且离值班室并不远。它们的嚎叫声持续了足足有一个钟头。

野外的狼，关在笼子里的狼，发着绿色荧光的狼，嚎叫声瘆人的狼，我也算领教过了。

说来，我也真不算什么好汉，就因为有了这些关于狼的际遇，对狼的恐惧感竟一直持续了多年。直至后来成为军人了，逢夜里站岗放哨时，还曾偷偷把子弹压进枪膛。

真的，那时我不怕敌人，却害怕狼。因为，狼是野兽，它不通人性，不循人理。

哄哄自己

哄哄自己，就是想着法儿让自己高兴；就是懂得利用自己成熟的心智来抚慰自己受创的心灵；就是自己给自己不断地寻找希望，因为希望是人们灵魂的天幕上不可或缺的太阳。

这世界的风霜雨雪太多。心一旦被打湿了，受潮了，只有自己把它搬到阳光底下去晒，才能寻找到温暖，才能不让它发霉，才能把角落深处的那个阴影驱逐。因为，他人的施舍总是那样的不可靠和不稳当。

哄哄自己，并非主张掩耳盗铃似的欺骗自己。因为，这繁杂的世界给了人太多烦恼；这缤纷的社会产生了太多诱惑；人与人东拉西扯，关系如织，常常觉得似有一张无形的网正在罩住自己。真真是扯不清，理还乱。这时候，就需要哄哄自己：我的兴趣就是我，我的爱好就是我，我的追求就是我，其他皆过眼云烟也。高官厚禄算什么？巨富大款算什么？天晓得他们施了多少手段，昧了多少良心才弄到手的。

人，作为一个生命体，他总要行动，总要走路。但眼前的路，条条弯曲，处处坎坷。这时候，就要经常哄哄自己：弯曲的路是暂时的，坎坷的路总要过去。不是说“相信未来”吗？未来绝不会是这个样子。至于“未来”在哪里，先不必想得太多，否则，又要自寻烦恼了。

几年前，听一位教授讲人生课。他问，在座的诸位有谁曾经想要自杀过？请举手。结果，我这个曾经想自杀过的人，因碍于面子不肯举手，许多人也没有举手，敢于举起手来的寥寥无几。教授接着讲，好！举手的朋友请放下。你们是世界上最勇敢、最坚强的人，因为你们曾经战胜了死亡，也就是说战胜了自己。想想看，一个能够战胜死亡的人，他有什么还战胜不了呢，还有什么事情做不成功呢。

教授的话，是一针强心剂。他在诱导大家，无论在任何挫折面前，都要设法哄住自己。这样才能最终做到，自己把握自己的命运，自己拯救自己。

其实，想哄哄自己并不容易，它所寻找的不仅仅是一种心理平衡，而是一个坚强的人生支点，也是一次对世界、对人生重新认识、重新理解、重新整合的思辨过程。比如，当一个人不幸被骗了，被耍了，被欺了的时候，就要想：花无百日红，事无两次顺；好人有好果，恶人遭恶报。这样，人在黑暗中就看到了光明，在逆境里就发现了希望，从不幸中也找到了万幸。特别是对于一些会给自己招至痛苦、很伤害自己的事情，有意回避一下，也不失为哄哄自己的一种办法。

当然，哄哄自己，不是要人一味地放弃原则，也并非要人“到此为止”。物质在运动，社会在发展，人事在更替。这运动，这发展，这更替，有规有律，有章有法。所以我们还要不断总结，以教训磨砺自己，以成功激励自己，以经验提升自己，使人变得逐渐聪明起来，免得被一块石头绊倒两次。

最后，请允许我再说一句不算多余的话：祈愿那些想“哄哄自己”的人们，一定要自己哄哄自己，切莫被一些聪明人把自己当成“小孩子”，哄来哄去哄着玩。

姐姐出嫁

我有两个姐姐，这里说的是大姐。

大姐长我十四岁，她出嫁时刚满十八。当时我还小，朦朦胧胧记得的，是她出嫁时穿的那件紫色裙和她悲恸的哭声。

别人家的姑娘出嫁，都穿大红衣服，大红裙子，而姐姐之所以要穿紫色衣裙，是因为母亲去世还不到一年，全家人正为她戴孝，红色是万万不能穿的。至于姐姐为什么哭得那么伤心，当时我一点也不懂她的心思。

按照家乡的习俗，姑娘出嫁离家的时间要选在晚上子夜时分。姐姐临嫁的那天，天刚黑，邻居家的嫂嫂、姐姐们就来了。她们有的帮姐姐梳头，有的为姐姐试装。我还记得邻家二嫂在姐姐脸上先扑了一层白粉，然后把一根棉线的一端咬在嘴里，把另一端分别缠在两只手的几个手指上，形成一个张开的剪刀状。就这样，二嫂在姐姐的脸上就那么一松一紧的，把她额上、腮上、两颊以及唇上、下颚上的细细的绒毛一片片地铰掉。姐姐说不疼，可我看着心疼，几次要拉开二嫂的手，都被姐姐制止了。二嫂的这种做法，后来我才知道，所有人家的姑娘临出嫁时都要经历这么一道关，这是铰脸，也叫开面。

看得出，当时姐姐是不怎么想嫁人的，因为她毕竟才只有十八岁，而且还由于给母亲治病借了婆家的钱，也怕嫁到人家后受气。姐姐直哭，不想吃饭。不知道是谁为姐姐煮了两个鸡蛋，可她不肯吃，说留给小五子吧。接着就把我叫到跟前，一手把我揽在怀里，一手把剥了皮的鸡蛋一点点地喂给我吃。那时候我家的全部家当也许就只有这两个鸡蛋了，可记事却并不懂事的我，竟理所应当地吃掉了它。而姐姐呢，似乎是饿着肚子嫁到了婆家。直到现在，每每想起此事，我心里都有一种说不出的歉疚。

那天晚上，我本来说好一定要等到姐姐出嫁走了我才睡觉，可谁知熬着熬着便不知不觉地睡着了。等大人们把我叫醒时，见姐姐已经穿好了新娘装，正准备蒙上盖头上花轿呢。

姐姐见我醒了，便蹲下身，把我轻轻揽在怀里。昏暗的油灯光下，姐姐的泪水止不住地流。也许因为有父亲在身边吧，姐姐才没敢哭出声来。是的，那时父亲在他的儿女们面前有一种不可冒犯的威严，我们都很害怕他。

姐姐坐在椅子上，由几位堂哥先抬到花轿边，然后才让她上轿的。姐姐临上轿前把头还扭了一下，因为她蒙着盖头，我没看见脸。我想她一定是想看我一眼，因为，我是我们兄弟姊妹中最小的一个，而且早早地就失去了母亲，应当说姐姐确实给了我很多的母爱。

姐姐出嫁走了，我一直送她出了胡同口。暮秋的夜，凉风瑟瑟，远远的我听见花轿里传出了姐姐的一声长长的恸哭。第二天，听送亲回来的人说，姐姐整整哭了一路，谁都劝不住。

姐姐的哭，我是长大后才逐渐明白的：她是在思念逝去的母亲，她是在牵挂我这个年幼的弟弟，是在为我们这个贫寒的家而哭，也是在为自己多舛的命运而哭。

两代人的婚礼

2004年，同年同月出生的女儿和女婿要结婚了，他们把婚礼的日子定在国庆节。

那一天，金风送爽，蓝天祥光。应邀参加婚礼的亲朋好友满满地坐了15张桌子，整个过程是委托一家婚庆公司操持，业务娴熟的他们，安排的堪称无可挑剔。来宾们恭贺祝福，喜笑颜开，场面好不热闹。轮到我代表两家人讲话了，动情处竟然哽咽难言。大喜的日子里，为什么会流泪？事后诸友总记着那天那事，并且有多种猜测，直到现在还时有朋友善意地念叨那天的情景。

那一天，我真的是一下子想了很多，想到了28年前我和妻子的婚礼，想到了女儿刚出生时的家庭窘况。那眼泪便蕴含了这诸多感慨。

想想那时候，看看这时候，两厢比较，怎能不心生感慨呢？

那时候，“文革”尚未结束。我是利用从部队回京休探亲假时完婚的。那时候，没有仪式，不讲排场，更不时兴迎娶的车队和伴娘伴郎。我们则更是简单，由于两家距离不远，连人们惯用的自行车驮衣物、载新娘也省略了。婚房是二哥用石灰把旧房简单地粉刷了一下，岳父母简单地准备了几件家具，做了两床新被新褥，至于什么结婚礼服，连想都没想过。

记得搬运家具被褥那天，由于两家同住一个家属大院，不用车，没请人，是侄男侄女们帮忙，肩扛手提，很快就把新房布置好了。婚礼那天，只备了两桌饭（男女各一桌），岳父大人请来的是男宾，妻子请来的是同事好友。没贴喜字，没鸣响鞭，可闻讯的街坊们还是纷纷前来贺喜。那时候不兴红包，又不好空手，大院里的一个合作社也着实“火”了一把：据说，那天合作社里的暖水瓶、洗脸盆、毛巾、枕巾、水杯，还有笔记本什么的，几乎被买光了。那些送来的“喜礼”呢，我们一直使用了近四十年，直到去年，最后的一条枕巾才被弃用。

而女儿女婿的婚礼呢，堪为“豪华”：车队接送，响鞭迎新；伴郎伴娘左右侍奉，颇有点电视剧里的场面，惹得过了一辈子节俭日子的二哥二嫂直嘀咕：这要花多少钱呀！可女儿并没这样考虑问题，因为随着我国改革开放的深入发展，整个社会都在变化进步之中，不必再为衣食所忧的她们这一代，所追求的除了丰衣足食之外，还有对丰富精神生活的期待。而结婚，对于年轻人来说，则是此生辉煌的一个契机，怎么能轻易错过呢，稍稍奢侈一下，似乎也在情理之中。现在，既然有了这个条件，作为父母的我们，也就慷慨地赞同了他们的安排。于是就有了女儿女婿的那次难忘的婚礼。事后，妻子曾遗憾地说，我们真是生不逢时，怎么就没赶上这好时候呢！

说起我和妻子的婚礼，还有件事是一辈子都忘不了的。

那时候商品紧缺，几乎所有的生活必需品都要持证或者凭票才能买到。为我们的婚宴能够丰富些，自己家供应的那点肉票根本不够用，岳母就向街坊借了几斤。借东西是要还的呀，为及时还给人家肉票，爱吃肉的岳父大人一个多月都没怎么舍得吃肉。实在馋得不成了，只好托人跑到农村去，悄悄买回一只兔子，让岳母炖了吃。

这窘迫的日子并没随着我们的结婚远去，直到“文革”结束了，女儿出生了，还如影随形地缠绕着我们。记得女儿出生后，她妈妈奶水不足，按出生证供应的半镑牛奶（仅一小瓶）根本不够吃，饿得孩子直哭。当时实行给孩子喂高干粉（一种代乳制品，早已淘汰），因喂养这种婴儿难以消化吸收的食品，造成了女儿的营养不良，她一个多月时，身上竟长出几个疥疮……孩子身上疼，大人心里疼呀！说不能亏了孩子，在那个物资匮乏的年代，真的也只是想想而已。

记得我是女儿出生十几天后才从部队回来看望妻女的。妻子说想吃点青菜，一天，我一大早就骑车走街串巷到处找卖菜点。结果，所有的菜点架子上都是空的，有的市民为能买上青菜，都把菜篮子放在售菜点门口，排成队，等待送菜的人。那天很幸运，我正骑车走在寻找菜点的路上，见一骑三轮车正往菜点送菜的师傅在上一个斜坡，我立即下车，一手扶车把，一手帮师傅推车。或许师傅被感动了吧，到菜点后，那师傅立即抓了一把豆角，拣了两个茄子交给售货员，说，这同志是帮我送菜来的，甭排队了，先给他称吧。当时我感动得简直一塌糊涂，连声说了不知多少个谢谢！而如今呢，有谁还会为买点青菜生忧犯愁舍脸求人到处跑呢！

看看这时候，想想那时候，每个身经亲历过的人心里都会有一本难忘的账，都会有一杆公平的秤。那账，记录着不同岁月的差别；那闪烁的秤星，也在数读着各自心绪的重量。

撩开情诗的面纱……

五年前，我的诗集《灵笛》出版不久，北京广播电台新闻台邢云主任便邀我去录制一个专题节目。具体内容也没告诉，只说到时候随便讲。我去了，主持人是位年轻漂亮的女孩，录制过程中我发现她对诗集的第一辑《祷祝》特感兴趣，反复问某某诗的生成，特别要我讲讲其诗背后的故事。诗集《祷祝》一章主要收选的是爱情诗，太突然了，当时想，节目一旦播出，那要面对的是几万几十万甚至上百万的听众，怎么好意思讲呢。所以，那一次我是含糊地有所保留，没讲太多，更没讲得太深太细，生怕被熟人听到当成笑话。后来我得知，电台录音前之所以不告知要讲的内容，就是怕受访者有了准备会有所选择，不自然，讲不出最本真的那个部分。

去年七月初，山东电视台影视频道编导楚侨女士从中国作家网获知我写给妻子刘伟的《那些烧掉的情书现在补给你好吗？》一封家书后，也邀我和妻子去那里做客录制了一个同名节目。在《一封家书》访谈一节中，我对爱情诗的生成过程稍有吐露，但时间有限，现场且坐着很多观众，不可能倾情说出，只是在一问一答中稍有透露。说来也巧，刚刚一家出版社的编辑来电话约稿，要我写篇我们这代人那时候的爱情经历。那次的电视访谈节目播出后，不少朋友曾善意地逗笑，说我来了个恋爱大揭秘，本想不再提及，可编辑朋友言语恳切，实在无法推却，只好从命。所以，如果说前两次的半遮半掩，算个恋爱小揭秘，这次面对的是文字，就该敞开心扉，撩开那些爱情诗的面纱，有必要让当年的那段爱情经历堂而皇之地走出来，面对世人了。

我和妻子的恋爱生活是这样启动的:

京城五月，洋槐花的香气沁人心脾。晚饭后，我和二哥正在闲聊。随着房门被轻轻推开，进来一位年轻的姑娘。姑娘好美，秀气袭人，还没落座便问：这是他五叔吧？那是我第一次听到那姑娘的声音，甜甜的，心有些痒。姑娘坐了刚几分钟，因为又有人来串门，她便进里屋和侄女说话去了。

这是四十五年前我当兵第五年上第一次休探亲假路过北京在二哥家小住时发生的一幕，两天后我便如期归队，又回到了荒凉缺氧的青海高原，继续我守卫核基地的军务。

三个月后，二哥来信了，问我还记得那天问“这是他五叔吧”的那位姑娘吗？你嫂子和她嫂子想和你们牵线做媒，你觉得怎么样？太好了！太好了！我立即给二哥回信。一个月后，二哥又来信，并附有那姑娘的通信地址和姓名。从此，我和那姑娘之间就开始了一场长达两年半的“信恋”行动。

一个生长在大都市的姑娘，为什么要去几千里外找一个军人呢？这是我的战友们总问的话，也是我想要解开的一个“谜”。姑娘的信很坦率：热爱解放军呗。原来，姑娘自己也曾经想当解放军，只可惜愿望没能实现。哦，原来如此。那就好好做一名军人吧，一定要对得起姑娘的那份情义，我时时勉励自己。随之，一首小诗便在我心中开始酝酿，并逐渐成熟起来：

我身旁流着一条小溪，/流着思念，流着情意；/流着姑娘的歌声，/流着亲切的絮语。//小银鱼哟，莫要不好意思/你快说她又捎来什么信息？/小浪花呔，你也真太淘气，/姑娘的话有啥值得忸怩。//她要我收下诚挚的爱情，/但不能悄悄地藏在心底；/要转达给手里的钢枪，/要告诉巡逻道上的足迹……//我身旁流着一条小溪/源头就在姑娘的心里/载着理想，载着爱情/流向祖国肥沃的土地。

（《我身旁流着一条小溪》）这是20世纪70年代末80年代初我先后发表在两家文学刊物（其中一家是内刊）上的第一首爱情诗，虽然不可避免地带着那个年代的痕迹，但诗和酿制诗的过程却是纯净而真挚的。

其实，促使我学写诗还在之前。我和姑娘确定恋爱关系后，因远隔千山万水，不能像别的恋人那样的花前月下，卿卿我我，只能靠来往书信交流。那时候的交通很不方便，从北京到青海高原一封信至少要一周时间。于是，我们俩便不约而同地设定：每周都要给对方写一封信。写信、读信、盼信，就成了我们恋爱过程的全部。

随着时光的流逝，那来来往往的信件也越来越频繁，彼此爱意也越来越浓厚。可写着写着就感觉有点不对劲了，信上的话虽然已经拉近了两颗年轻的心，甚至没有了任何障碍，可又总感到那信是隔靴搔痒、纸上谈兵，彼时是多么渴望两个人能见上一面，哪怕几秒钟也行。怎么办？现实中短缺的，只好去向往的“情境”里寻找。于是，我的第一首爱情诗隆重诞生：

新月弯弯，/柳帘羞面，/湖边，你手指绞弄柳叶，/“我们……”/话刚露头，/又被两片樱唇儿咬断。/踏踏踏……/你甩下个背影，/拉长我的视线。//从此，你身上，/就总缠着，/用我的目光铸成的索链！

说起湖，当初姑娘曾经风趣地说，你们那地方好美呀，有湖水相伴，有湖柳拂面，月下湖边漫步，神仙的日子呀！其实，那湖指的是几十公里外的青海湖，那柳说的是满山遍野、却高不过膝的红柳。诗，仅仅是借用而已。

来来往往的信件，一首首发自心底的诗写，丰富了我们的恋爱生活，也不断加深着彼此的情谊。但“信恋”也如同面谈一样，有时候也难免会有风有雨。一首《我知道》，尽管后来证明那只不过是我一个人的暗自战斗，但我还是很珍视它的生成：

我知道，/你不是那朵漂浮的云，/不会轻易成为谁的衣裙，/也不是，/什么人都能得到你的馈赠，/更不是，/随手批发的零售商品。//你是，存放我心库的一笔财富，/它将，同我的生命一起珍存。/尽管，我们长成了两类躯壳，/却无法阻止，/我蓬勃的挚情向你飞奔。//我诅咒这无情无义的世界，/不该，你不该，/撕碎了美丽才许开心。/望着漫天流霞我大声喝问：/为什么，为什么？/我不能飘成那一朵云！

云是自由的，它无拘无束，来去轻松，想着念着，我的心有时就仿佛真的幻化成了云，情不自禁地飞到了姑娘身边。

后来有朋友问，这诗是怎么想出来的呢？

有一次，因为一位淘气的战友藏起了那姑娘的来信，我没按时读到，心里那个惶惶呀！因为此前我俩毕竟只有十几分钟的见面时间，况且，那只是“无意识”、“无目的”的匆匆一瞥，甚至连彼此的模样和肤色都没能仔细瞅瞅。我的许多战友都说我们的恋爱太没基础，不可能成功；姑娘的同事也说北京有那么多男青年你不找，为什么非要大老远地去找个军人呢？几乎所有知情人都在劝说她，如果真想找军人，北京有的是呀！很多人都不理解。

因为没按时收到姑娘的来信，我一时就想入非非起来：是姑娘经不起那么多人的“劝说”变心了？是遥远的距离和岁月的流光把一时的热情冲淡了？还是……干脆，一不做二不休，快刀斩乱麻，谁也不耽误谁，成与不成就此一举！脑袋一热，我便提笔在3张纸上画了3个大“？”，寄了出去。好在20多天后那战友把信还给了我，原来姑娘的那份情依然，那份爱照旧，一切都是缘于我的不自信和胡思乱想，完全是我心灵深处一个人的战斗。我很为自己的莽撞悔恨，立即给姑娘写信道歉、道歉、再道歉！随后我的直接领导张天郁主任也给姑娘写信，替我解释。当说起这段经历时，女儿曾不解地问：为什么不回来亲自上门道歉，至少也要打个电话亲自解释一下吧？她们这一代人哪里知道，那时候的电话可是个稀有物件，况且，军队的电话是不允许与地方连线的；至于回家登门道歉更是不可能的事，因为按当时部队相关规定，未婚干部两年才享受一次探亲假，而且假期只有20天。

风雨过后又见彩虹，我们的“信恋”重新继续，我的诗也时不时地寄给姑娘一首半首的，其中也不排除显摆自己的心理作祟。想想真可惜，我们不约而同经心保存了那么多年的厚厚两大摞信件，团聚之后竟然都销毁烧掉了。那个年代谈恋爱有点害羞，记得我那次休假期间，每当和姑娘一起去公园或去逛街，出大院门口前都不敢一起走，生怕被熟人碰见，要一前一后地出门，大老远了才敢挨得近些，那些保存了很久的信，就是怕被家人发现不好意思，才相约烧掉的。

在山东电视台录制“一封家书”时，主持人辛凯曾经问：你们二位两年半没见面，那见面后呢，是不是很激动，一下子就……（主持人做了个拥抱的动作）“没有！没有！”我和那时的姑娘现在的妻子刘伟几乎异口同声地解释。那次见面，非但没有拥抱，首先给我们的感觉是那种缘于时间和距离的阻隔而导致的生疏、陌生感竟一时占据了上风，彼此都有点不敢相认了。因为，是那个两年半的岁月，几乎把我们雕刻成了另外一副模样。特别是我，更是被高原的风霜雨雪侵蚀得面目全非。

听了我们的爱情故事，有人曾经问，那是那个年代，要是现在呢？

现在会什么样？或许只有亲历者才懂。真的，那时候，我们很纯净；那时候，我们很认真；那时候，我们很怀念……

附：《老家的人》

少小离家

多少年不回老家了

老家的胡同变窄
老家的院墙变矮
老家的小孩子一个个长大
老家的青壮头发变白

曾以为
老家的人不会记起我
就像忘掉一棵过季的白菜
可是我错了
就因为上了咱山东电视台

“一封家书”二十点开播
编导楚侨年轻漂亮
主持人名字叫辛凯
就因为有我和妻子的影像
邻居街坊奔走相告
一传十　十传百
老家人热情的心里又添把柴：
是那个小时候的小赖毛吗？
哭一声死去的娘亲
扯疼一条小街

围着电视听故事
声声祝福　句句有爱
音波荡漾千里之外
“这是我叔”
“这是他舅”
“五爷爷瘦了”
“五姥爷老了”
漂亮的媳妇依然光彩
老营长还专程打来电话
战友情　同志爱
心中回荡起戍边的风采

老家的水甜
老家的土亲
老家人纯朴　厚道实在
老家人悲悯的心室里
至今　收藏着
我挪不走的那条根脉

《老家的人》系作家张庆和应邀携妻子刘伟做客山东电视台录制的“一封家书”《你用青春守卫国家　我用青春守护你》，于2017年9月29日20点在影视频道播出后而作。

邻居家的狗

邻居家一定很富有，不然，就不会花那么多钱买这么一只不灰不黑的长毛狗。

这是一只哈巴狗。记得邻居刚买来时，它嗷嗷直叫。据说那是由于这狗才来到新主人家，对新环境、新生活的陌生感所致。更重要的，是因为它刚刚离开狗妈妈，是思念亲人的一种表白。第一天晚上，它直叫了一夜。它小小年纪就离开了自己的妈妈，想想也怪可怜的，尽管那天夜里我被它吵得一夜都没睡好。

不过，这狗的适应性还算强，第三天夜里就再也听不到它的动静了，接着我听见了主人叫“欢欢”的声音。我猜想，这狗一定是有了自己的名字。后来证实，果然不错，因为这狗是雄性，便被取名为“欢欢”。

我第一次看见欢欢时，它还不到半岁。那时，它穿着一件粉红色外衣，依偎在主人怀里，只露出大半个小脑袋，模样煞是可爱。见我是陌生人，它只睁睁眼睛，又闭上，表现出不屑一顾的神态。然而它一转头模样就变了：舔舔主人的手心，又用鼻子拱拱主人的下巴，还会睁着一双黑亮的小眼睛，和主人对视一阵，并不时地歪歪脑袋，表现出一副亲善、可怜的小样。一起围观的人都说，“欢欢”真会撒娇。

我第二次见到欢欢时，它已经两岁多了。那是个初夏的傍晚，在小区的绿草坪上，欢欢紧随在主人身边，颠颠地左转右跑，并不时地嗅嗅这，闻闻那，还对着墙根淘气地抬腿撒了泡狗尿。

主人说欢欢最近学“坏”了，原因起自那天带它去一个朋友家串门惹起的。朋友家也有一只哈巴狗，名字叫琼琼。琼琼是狗妹妹，它俩一见面，一下子就惹起了欢欢的非分之想，一次次想破坏琼琼的纯洁，只是由于两家主人的阻拦，欢欢才未能得逞。不过从此欢欢就不肯安分了，再也不愿呆在家里，总想着往外跑，一出门就直奔琼琼那里去。有时为了求得主人的同意，那小尾巴摇得甚是艺术。欢欢害了相思病。为拯救欢欢，欢欢主人和琼琼主人还共商了一条妙计：琼琼主人借了一条比欢欢年龄大得多的公狗，等在家里。那天，欢欢跟主人去了，一路高兴得不得了。一进门就想采取亲昵行动，不料一看，这同类已不再是琼琼小妹，而是一个又粗又壮和自己的构造完全一样的同性。欢欢生气了，撒腿就往回跑。从此，欢欢就不再思念琼琼小妹，能安分守己地跟在主人身边了。不过，从那时起，欢欢就添了一个毛病，每天傍晚时分，主人必须带它出来散步，看看野景，否则，它会一夜不宁。

我第三次也是最后一次见到欢欢的时候，就因为它对我表示的那一副凶相的缘故吧，使我心中那个娇态可爱、媚态可掬的欢欢就再也不复存在了。

那天我出差回来，左手一个包，右肩一个兜地走着，路上遇见邻居正和欢欢一起散步。也许是我手提包里散发出了什么味道的缘由，欢欢不许我走，拦住我非要扒开我的提包不可。我没理会它，照样走自己的路。这下可惹恼了欢欢，它上蹿下跳，猛地扑过来，一下子咬住了我的裤脚。开始我以为欢欢是闹着玩呢，就势拉扯着它拖了几步。没想到欢欢像受了多大苦难似的，撒开我的裤脚如挨了开水烫一样地拼命嚎叫起来，还一个劲地直朝我胸前扑。

天哪，你这是怎么了，为什么要这样！

正在这时，欢欢的主人扭动着腰身走来，不但没有制止欢欢的野蛮和无理，还指责我一定是趁她不注意欺负了欢欢，不然它不会这样愤怒。

主人都这种态度，和狗还有什么好理论的呢。回到家，妻子直笑我：人是不能跟狗一般见识的。为这事生气，太不值！

每逢中秋思母亲

那一年的这一天，是我从部队转业到地方后与家人共度的第一个中秋节。一轮圆月朗朗地悬浮在窗外，全家人围桌而坐，面对五颜六色的圆月饼，正要举杯庆贺，三哥从遥远的南方打来电话，问，你知道今天是什么日子吗？还未等我回过神来，三哥便自问自答：今天是母亲的忌日！那时候你才三岁，不记事也不懂事，母亲就是在别人家欢欢喜喜过中秋节的那一天离开了我们。

三哥的电话，不由打捞起我模糊的记忆。

那一天上午，我正和小伙伴们一起玩摔泥炮。玩兴正浓时四哥来了，非要拉我回家，我不肯走，便大哭起来。邻家大哥见状，抱起我，帮我擦擦眼泪说，家里有事，还是回去吧。刚到家，只见母亲躺在当庭的一张小床上，穿着与平时不一样的衣服，脸上蒙着一张草纸，我像往常一样叫娘，她不答应，拉她的手，摇她的腿也不理我。全家人，还有街坊邻居很多人都在哭，尤其是大哥大姐三哥都跪着哭，哭得天昏地暗。我不知道这是怎么回事，没有哭，是三哥硬拽我跪下，还按下我的头，硬让我哭。那时候我真的不懂，这是母亲去世，这就是人的死亡，甚至想，母亲平时很累，她只是在睡觉呀！你们小点声，别闹醒了她。

母亲的确很累，她刚四十岁就一连生下九个孩子，两个姐姐夭折，活下来的五男二女，一个个嗷嗷待哺。父亲跟着教书的爷爷上学，书一直念到十九岁，以至手不能提篮，肩不能挑担，很多农活都不会干，这下可就苦了母亲，家里家外真的成了“一把手”。据街坊邻居们后来讲，母亲生下我后又怀了孕，劳累的母亲似乎再也无力生养了，她便设法想让这个尚未临盆的孩子不要再出来活受罪。

那个年代，没有计划生育，更没有人工流产之说，为能达到目的，母亲便自己采取措施，企图用劳累，用辛苦，用拼命干活，让这个未出宫门的孩子化作血水，自消自亡。于是，田地里她什么重活累活都干；在家里，她一个人推碾磨面，使劲用碾棍磨棍挤压自己的腹部；到了晚上也不休息，脚踩织布机，叮叮当当，一直到公鸡打鸣才去床上小睡一会儿。那未出生的孩子似乎故意与母亲作对，就是不肯离开母亲的躯体。后来，有人说是母亲听了什么人的巫言邪语，常把自己的肚子趴在水缸沿上挤，或者搁在架起的横棍上压。不久，这办法还真奏效：那未见世面的弟弟或者妹妹，实在抗不住了，便自动放弃了生的权力，化作一摊血水，向世界宣告了自己的消亡。

母亲的目的达到了，可她何曾想到，那孩子临行时还有个尾巴不肯带走，留在母亲的腹中不停地兴风作浪，让那股殷红的血水不停地流，流……

母亲就是在这样一种状况下，被活活地折磨而去……

当与家人聊起母亲的那段遭遇时，我们姊妹谁也没有责备母亲的意思，倒是对她老人家的不幸寄予了深深的同情；同时对母亲所处的那个年代，以及我们家当初的贫困和遭遇的不幸，也有了深深地了解和反思。想到这我似乎感知到了可怜的母亲所惨遭的痛苦，从此，心中便情不由己地增添了一份心灵的疼痛和怀念，尽管老人家留在我记忆屏幕上的影像是那样的模糊不清、若有若无。

至于母亲的病，我曾经咨询过有关医生，如果是现在，按当前的医疗水平和我们的家庭条件，母亲的那点想法和病情本不算什么，只是因为国家的落后和自家的贫困，才导致了一个生命的过早凋谢。人们常说母亲是家，或许是母亲早逝家里缺少了“中心”的缘故吧，我们姊妹七人长大成人后便各自东西，大都相继离开了老家，天南地北地过起了自己的生活。几十年来，由于时空的阻隔，加上都忙自己的工作，我们兄弟五人再加上两个姐姐，七个人从来就没有聚到过一起。知道母亲忌日的那个中秋节我才三十八岁，如果她活着，算来也还不到八十岁。当时曾经想，如果她老人家健在，说不定也正在和她的儿女们一起共度良宵呢。

烧掉的情书，今天补给你好吗

总是想着念着出门就惦着的我的老婆刘伟阁下：

我从部队转业到地方工作，结束了我们3年“写恋爱”和9年的牛郎织女生活以后，一晃30多年没给你写过信了。

还记得吗，那时候我在荒无人烟的青海高原守卫核基地，你在北京大都市盼星星盼月亮般盼着有一天我会童话般突然出现在你面前……由于工作需要，我从第一次见到你的那次探亲，到第二次探亲再见到你，中间整整隔了两年半时间！两年半，对于两个处于热恋中的年轻人来说可不是个小日子呀！那日子里有思有盼，有莫名其妙生成的一种心绪经常来骚扰我们。

那时候，交通很不方便，从北京到青海高原一封信至少要一周。于是，我们便不约而同地设定：每周都要给对方写一封信。写信、读信、盼信，几乎就成了我们恋爱过程的全部。

有一次，因为一位淘气的战友藏起了你的来信，我没按时读到，心里那个惶惶呀！因为此前我俩毕竟只有十几分钟的见面时间，况且，那只是“无意识”“无目的”的匆匆一瞭，甚至连彼此的模样肤色都没能仔细瞅瞅（还记得后来我曾经对你说过的话吗，当时要是知道我们能恋爱能结婚，那初次相见的十几分钟无论如何都不会把它浪费掉的）。我的许多战友都说我们的恋爱太没基础，不可能成功；你的同事也说北京有那么多男青年不找，为什么非要去找个几千里外的军人呢？很多人都不理解。还记得我寄给你三张纸上的那三个大“？”吗，那“问号”就是在那种疑虑和质疑中写下的。好在半月后那战友把信还给了我，我很为自己的莽撞悔恨，立即给你写信道歉。随后我的领导张天郁主任也替我解释，给你写了信。

感谢你原谅了我，不然今天我就没有资格给你写这封信了。当说起这段经历时，女儿曾不解地问：为什么不打个电话亲自解释一下呢？她们这一代哪里知道，那时候的电话可是个稀有物件呢，况且，军队的电话是不允许与地方连线的。

想想真可惜，我们不约而同经心保存了那么多年的厚厚两大摞信，为什么团聚之后就销毁了呢？那个年代谈恋爱有点害羞，记得我休假期间，我俩一起去公园去逛街，临出院门口时都不敢一起走，生怕熟人碰见，要一前一后出门，大老远了才敢挨得近些。

或许是我们单纯的“信恋”和分离的生活使然吧，后来我由写信而爱上了诗歌，而且写了不少爱情诗，很多诗都是缘你而生。诗很幼稚，但几乎每一首都先寄给你看。《索链》《我身旁流着一条小溪》《就因为有那样一种心情》《月路》《守望》《灯》《你来了》《我的妻子》，等等，都是在你的激励下出笼的。

每当静心回想，都深深地感到你对我、对我们这个家的付出太大、太多了，很是感激你，有些事也真是很对不起你。

你第一次去部队探亲，怀孕了。当时我们部队已调防到辽宁。我是一个粗线条、不太懂生活的人，看你吃不下饭，呕吐，以为是吃不惯那里的高粱米，还笑你不能过艰苦生活，竟然不知道你是怀孕的反应，对你没给一点特殊关照。女儿一岁多时，你带她去部队看我。孩子太小，无法与战士吃一样的饭。你就用一个很小的酒精烧瓶天天给女儿做粥。一次，酒精喷出竟烧伤了你的左手，满手都是血泡，整整一个多月才好。

1983年初冬时节，我回北京探亲，当你听说我从来都没有给自己过生日后，你非要为我张罗过生日。那一天，你从早晨一上班就念叨为我过生日的事：下班路上要买熟食买菜，还想买瓶啤酒。也真是不巧，你本来是车间的统计员，那天因为活儿多，车间主任硬要你也上机器钉纸箱。你技术生疏，再加上心里有事，不小心被钉箱机砸断了右手食指。那天，我和妈妈、刚上小学的女儿一直等着你回家给我过生日。左等右等，一直到晚上7点半你才回来。同进家门的，还有护送你的两位同事。看到你的伤情，妈妈心疼地流泪了，女儿也哭了，我心里更甭提有多难受。

那时候，我在部队过集体生活，什么都不用操心。可你在家就不同了，上有老下有小，一个人操心持家，什么都得想到做到，真是不容易呀。那时候家里做饭用的是液化气罐，每次换气都是件很愁人的事。别人家可随时更换，可我们家就不同了，要尽量节省着用，有时一罐气要用小两个月，不是怕浪费，而是发愁扛着气罐上楼下楼，再走上大老远的路，换一次气太困难了。

想说的还有很多很多，比如有时候我还莫名其妙地发点小脾气，干家务活有点粗糙，常常摔坏碗碟、弄坏点什么东西。当再遇到这种情况时，您老人家要多多包涵，可不要真生气呦。旧的不去，新的不来，摔坏了咱们再买一个，这样还促进消费，为GDP做了贡献呢。您说是吗？

今天是元宵节了，窗外难得的月明如镜。借着情人节的到来，咱们也追追时髦，给我亲爱的老婆大人写一封信，以寻找当年我们“写恋爱”的那种美好感觉。

最后，请允许我向常年忙碌着辛苦着劳累着为看护我们可爱的外孙“团团”又做出杰出贡献的您——鞠躬致敬！

你的老了的老公：庆和

2017.02.11

女儿的名字

女儿的名字叫燚。当初起这个名字时，只是不太经意地翻了一下《新华字典》，随便在某页找出了有些特别的一个字。没想到这个名字却带来了那么多麻烦。

先是去医院给女儿看病，在化验室被人喊成张炎炎。凑巧，那天同去医院看病的还真有个叫张炎炎的，要不是他是个大男人，说不定真会把女儿的化验单取走。

接着是女儿上学，就为这个燚字，直惹得老师一边查字典，一边嘀咕。后来就是侄男侄女们半嗔半怪的玩笑话：显你们学问高深呀，用那么一个不靠村不着店的怪字！再后来女儿长大了，她也把一连串的问题没轻没重地抛向了我们："干嘛，这样难为我呀！"

别人的嗔怪可以不必当真，女儿的责问却不能不理。于是我们解释：因为你出生时正是盛夏，天热得实在难受，为让你牢牢记住妈妈生你时是多么痛苦，还有希望你今后不论做什么事情，都要有一副火热的心肠，要把自己的生命燃烧成一团猎猎的火焰……

就这样，女儿似乎认可了，以后没再说什么。可别的麻烦又来了。

前年女儿中考，别的考生的编号都发下来了，惟独女儿的没有。她着急，我们更着急：要是弄错了怎么办？于是便去查，便去问。答曰：考生的编号一律输入电脑，因为没有“燚”这个字，所以才晚了。

中考后还有高考，还有走入社会要使用名字，怎么办？为避免将来的麻烦，还是赶快改名字吧。

改成什么名字好呢？全家人开起了民主讨论会。“隽绮”“萌涛”……十来个名字供女儿挑选，女儿却说俗气得想吐。结果一个也没选中，于是便自得自意地叫起“梦影”来。好吧，就叫梦影，梦中的影子，有点诗意。

改名字要去派出所。

“瞎改什么！太麻烦了，不给改！”一鼻子给碰了回来。妻子不信，又去。结果，那鼻子也差点被碰歪。

你们家不是有好几个人在公安局工作吗，为什么不去找他们帮帮忙？有人这样提醒。改名字也要走关系？这点事好意思给人添乱吗！

既然名字改不成，于是全家人又形成共识：那就不改了，麻烦就麻烦吧。人的一生不就是因为与麻烦结缘，所以才有了那多花团锦簇、缠缠绕绕的曲线之美吗！

起 点

旭日喷薄而出，那是光明的起点；山间响泉叮咚，那是浩荡的起点；婴儿呱呱坠地，那是人生的起点；新年钟声悠扬，那是新生活的起点。

哦，起点！

你是刚刚啄破蛋壳的小鸟，蓊蓊郁郁的日子，正期待你的悦耳歌谣；你是刚刚绽蕾的花苞，芬芳馥郁的百花园，不嫉妒你的娇艳妖娆；你是一粒萌芽的种子，无论长成参天大树，抑或生成茵茵小草，都将顽强地伸展一条条根须，不停地去探索大地的奥妙。

哦，起点！

你是零的突破，你是圆的创造；你是映亮心性的水晶，你是宣布诞生的公告。

回首来路，起点驱动了多少豪杰；展望天下，起点美丽了多少人生。起点不是虚无缥缈的云雾，起点不是遥不可及的彩虹。起点实实在在，起点可触可感：在每个人行走的双脚下，在迈出的每一寸步幅间，在每时每刻脉搏的跳动里，在起起伏伏深深浅浅的呼吸中。

在起点站立的，是人；在起点展翅的，是鹰。站立者，向往辽阔和奔进；展翅者，仰视蓝天与翱翔。

起点不是落点，从起点出发，不论攀登高峰，还是走向远方，只要肯于行进，成功必定会一步步走来；起点不是终点，从起点出发，不论道路平坦，还是历经坎坷，只要坚忍不拔，身后总会有一条优美的曲线蜿蜒。

蜜蜂的起点是花朵：起点—落点—直至终点，循环往复的行程，把香甜的事业缭缭绕绕；苍蝇的起点是垃圾：起点—落点—直至终点，肮脏的路径，把罪孽的病菌四处传播。因而，起点才拒绝五花八门的诱惑，起点才鄙视假恶丑陋的角色。

哦，起点！

翻开崭新的日历，有如推开新年的大门：蓝天如洗，太阳鲜红；软风拂面，松柏泛青；弦歌悦耳，杂花繁盛。一条条大道在眼前铺展，从南到北，从西到东，——大道上，总是浩荡着向上、向前、永不停步的人生。

三十岁而立

人生三十，如日当午。在盛夏，赤日如火，自然万物在它的抚爱下，比赛般拔节生长；当隆冬，大地寒凉，它把温暖无私地洒向芸芸众生；逢春时，它舞动七彩画笔，绘出满眼的姹紫嫣红；若秋临，它高举成熟的旗帜，把收获奉献给无数个企盼。

人生三十，光芒四射。是说人到了三十岁，生命力旺盛，正是向上向前、拼搏奋斗、大干事业的极佳时期——三十岁是人生路上一道观瞻不尽的靓丽风景。

人生三十，经历了风雨，见过了世面，性情已趋向老练。不再迷茫，不再犹豫，不再动辄怒发冲冠，不再是豪猪般抖着浑身剑刺四处乱撞的愣头小伙儿；对于成功能够不过于惊喜，对于挫败能够不过于失落，对于世态炎凉，已经具有了一颗平常心；而且懂得了思考，懂得了反思，懂得了承当——承当使命，承当责任，承当困难，甚至苦难。

人生三十，情志趋稳。与人处事，懂得了坦然地面对和理性地选择。稳定、稳重、稳健、稳妥，人们会把无数个善意的褒奖之词慷慨递上。

人生三十，是知识的富翁，但又往往不满足于已知。所以，渴求新知，不倦追求，向着学问的深度和宽度扎根，往往又成为三十岁的起点、拐点、亮点、兴奋点，直至重新确定人生的目标和前进方向。点动成线——看吧，从古到今，从中到外，以那绵长的丝线织成的五彩锦缎，曾经灿烂了多少人生！

人生三十，其实依然会有许多个不明白。但，毕竟懂得了智慧地整理心情，淡定地看待生活，并且以自己的刚毅和真诚，让踏在低谷的双脚独立行走，直至走向一个高处又一个高处。行走路上，那一条条高高低低的优美曲线，便是对无愧人生的注解。

日升月落，斗转星移。三十岁，眼角舞动着的扫帚般皱纹，早已彻底扫除了脸上的稚气和心性的幼嫩。三十而立：站立，独立，屹立。时光如流，日月如梭。三十岁人生，即便雄关如铁，也当从头跨越。

身历手术

自长大成人后，我的身体，除了妻子之外，她是第二个知道得如此彻底的女人了。原因是我要在腹部做一个手术，必须一丝不挂地躺在手术台上，她是医生，不让看行吗？看来这是一场劫难。

我家里有四口人，三女一男，只有我是“性别少数”，所以平时就很在意穿衣戴帽。我的原则，抑或说是一种多年养成的习惯：夏天无论天气怎样炎热，也要做到在家不露背，出门不露腿。女儿曾笑我不愧是孔夫子家乡来的人。

“不脱短裤行吗？”我轻轻地问医生。

“不行！”这话斩钉截铁，与其说是回答，毋宁说是回击更恰当。

无可奈何，只有任人宰割了。

手指与心电图连接。右臂裹上测量血压的布囊。右脚脖刺入了输液针。无影灯泻下了柔和的光。麻醉师开始推注麻药……

“疼吗？”麻醉师一边用针试刺着我的麻醉区皮肤，一边问。

“疼！”其实并不很疼，完全是一种条件反射，或者说是心理作用。

一会儿又过来扎，“还疼吗？”“还疼！”

“哎呀，你的皮肤太敏感了，麻药已经加到了局部麻醉的最大量，怎么办？”这话像问我，其实是在问医生。

也许我的身体真的与别人不同，太敏感了。记得姐姐曾经说过，我小时候浑身都布满了痒痒肉，任她用手指触摸哪个部位，都能引发我一阵无常的笑哭。后来长大了，身体虽不再那么敏感，但神经却又无端地敏感起来，对别人来说只是一种不屑一顾的平常事，而于我，却常常要被刺得痛不欲生。有一次和单位的人一起看电影《周恩来》，恰巧我坐在了一群女同胞中间。是周恩来的精神震撼力太大，还是王铁成的演技太高？一场电影下来，我的神经竟被无数次地扯痛，泪水无休止地倾泻，喉咙里像堵了个咽不下吐不出的大疙瘩，啜泣声惊动“四邻”，简直一副欲生欲死的样子。可再看看周围的女同胞们，一个个都比我要坚强多了。

有人说，太敏感的人没出息，也许我就是这样的一种人。

怎么办？医生说：“麻药不能再加量了，要不你就睡觉吧。”

“我不困。”我的话刚出口，又立即后悔起来。这是一句多么傻气的话呀。

“没关系，有办法，你闻闻这个就行。”说着，护士便移过一个像飞行员戴的吸氧罩似的东西，对准了我的嘴巴。

“你就放心地睡吧，手术会很顺利的。”一双明亮的眼睛下，一张我曾经看见过，露着微笑，却被淡蓝色口罩覆盖着的嘴巴对我说。

“等等，我有个要求，请您答应我，手术后，一定帮我把病号服穿上。”

“瞧你。”医生点点头。就这样，在一种麻木的状态下，敏感被遏制。于一场昏睡中，不知不觉间，我接受了对体内一个零件的修理。

生命的罹难

——童年纪事之一

人的一生，难免要经历许多的坎坎坷坷，会遇到无数的磕磕碰碰。时过境迁，有些事或许早已忘记，然而有些事却是怎么也挥之不去，它就像一叶小舟，时时在我的脑海里飘荡起伏。比如自己所经历的一次次险境，每当闭目回望，依然如在眼前。

冲着牛群，我迎头而上

那年我五岁，在大姐家度夏天。

一天中午，我正沿着一条胡同行走，快到拐弯处，忽听前边有人在喊：快躲开，快躲开！牛来了！

那时候，我的意识里还是一片浑沌，尚不知道人们惊呼“牛来了”是发出的一种危险信号，更不懂得躲开，依然自顾自地往前走。刚要拐弯，牛果然来了。准确地说，那是一群受了惊吓的牛犊，大约有五六头的样子。我来不及躲闪，甚至还张开两臂企图拦住它们。就这样，我被一头牛犊迎头撞倒在地，接着就是牛脚牛腿，一只只从我身边越过。

我的鼻子被撞得鲜血涌流，直弄得脸和衣服上红红一大片。值得庆幸的是，牛犊们脚下还算留情，没有踩上我，否则后果不堪设想。

姐夫和姐姐被人叫来了。那是个偏僻的小山村，没医没药，姐姐用布条为我塞住鼻孔，姐夫领我到就近的一个水坑边洗去满脸的血迹，也就算治好了伤。

后来奶奶知道了此事，把大姐狠狠地抱怨了一顿。而我的鼻子呢，每次体检，医生都会说：你的鼻中隔弯曲不直，是否影响呼吸？

疼痛的喉咙

二叔闯关东，十七岁就离开了家乡。我六岁那年，他从东北回来了。二叔领我去赶集，买了一杆竹做的玩具红缨枪，送给我玩。

红缨枪很长，又矮又小的我自然舞弄不开。一位街坊哥哥就帮我把它折断，只留下一半长。这回倒是舞开了，也方便了，可无知的我有时竟把一头含在嘴里玩耍。

一天，我站在一旁看几个玩伴弹玻璃球，一位小姐姐的玻璃球弹丢了，我也和大家一起帮着寻找。突然，眼前一亮，我发现了玻璃球，兴奋得立即弯腰去捡。我忘记了自己含在嘴里的红缨枪，就在弯腰捡拾玻璃球的刹那，红缨枪的竹把一下子戳进了我的喉咙……

那是一种怎样的惊天动地的疼痛啊！鲜血和着哭声、泪水，一起涌了出来。大人们来了，又是哄，又是劝。哭声倒是止住了，可那嗓子里的血，依然流了许久。第二天，嗓子肿得连饭都吃不下了。

痛哭的柳笛

老家有个习惯，每到清明节，家家门上必须挂柳。是念记断肠人，还是寄托、象征了什么，至今我也未做过考究。

那年我已经迈进七岁的门槛。清明节的前一天，在池塘边，在一棵翠绿的大柳树下，我仰首观望柳树上的邻家大叔砍折柳枝。

翠嫩的柳叶，柔软的柳丝。我和所有小玩伴们的心情一样，都希望自己能够多捡到一些，好拿回去插满自家的门框门楣，所以，每当大叔扔下一枝，大家总是争先恐后地去抢。

抢着，拾着，玩伴们一个个兴高采烈地忘乎所以着。忽然，一件意外的事情发生了：大叔手里的砍刀不慎掉了下来，刀尖砍中了正在仰脸望树的成哥哥的眉心，尔后弹了一下，刀把又重重地砸在了我的右肩上。

多险啊！成哥哥的脸被砍出了一道大口子，鲜血布满了脸庞。成哥伤得很重，立刻被人背回了家，我虽然也被砸了一下，可毕竟很轻，没人理会。回到家，奶奶见我右肩上也青了一块，惊讶道：瞧瞧，再偏一点，那被砍的就该是你了！

那一刻，我心里只有奶奶

母亲去世后，是奶奶给了我足够的母爱。那时我在外边玩够了，回到家的第一件事就是先扑进奶奶怀里，非得让奶奶抚摩一下，或是搂一下自己，才肯离开她的怀抱。

那一年我还是学前儿童，一天中午，跟邻居家的铁锤和锁柱一起在村东的小水沟里学游泳。他们两个都比我大些，刚刚学会狗刨，我还一点不会。

我也学着狗刨，但只能两手扶着沟边的石头，两腿瞎扑腾。刨着，刨着，也不知怎么就心血来潮，头向后一仰，欲学仰泳。谁知这一仰，就没能露出水面。

在水中，我似乎听到了两只耳朵里有哗哗进水的声音，嘴一张一张，似有正在喝水的感觉。心里呢，不知为什么却想到了奶奶：奶奶快来呀！你看我这是怎么了？是在做梦吗……

当然，刚想到这些，我就被两双手扯了起来。那是铁锤和锁柱见我在水里半天没露面，起初以为我是跟他们开玩笑，可立刻又想到我并不会游泳，要出事了，才蹚水找到了我，顺手把我拉了起来。

这是我脆弱生命的一次罹难，一次很危险的罹难。此事后来被三哥知道了，狠狠地教训了我一顿，并规定，以后他不在场时，不准我下水。

独行夜路

刚上小学，就赶上了全国大炼钢铁。

一天，学校接到通知，是正在外边炼钢铁的本村人捎来的口信，说炼钢铁没有木柴了，必须连夜送去。当时，村里的壮劳力和青年人都去运矿石、修桥铺路了，只剩下了老人和孩子。

怎么办？动员小学生。

五十人的送木柴队伍很快就组成了，我也是其中一员。

队伍出发了，每两人抬一根木头，由两位老师带队，我们踏上了通往东里村（村里人炼钢铁的工场）的路上。

这是一条十二里长的土路。出发时太阳已经要落山了，等到达目的地时，半圆的月亮已经高高地悬在了头顶。

从学校出发时，老师说晚上就住在那，还要吃饭。可待我们赶到之后，炼钢铁的负责人又说人太多，住不下，还是回去吧。于是，我们又跟随老师顺从地按原路返回。

大约走了三四里地的样子，同学们又累又饿，有的就有些走不动了。慢慢地，我们走到了一个叫西里的村子，带队的老师说，他家就在这里，看能否找个地方住下来，天明再走。因为我走在队伍的后边，老师说这话时，我没有听到，也没有人告知我。当走到一个拐弯处时，他们走向了另一个方向，而我全然不觉。

一直跟着人影走的我，以为他们加快了速度，也就随之加快了脚步，一路追将下去，直到走出村庄，也没有见到大家的影子。

天上月色昏朦，前边归路迢迢。再看那陌生的村庄，正黑黢黢地蹲在身后。也许他们正在前边等我，快追！心里想着，脚下便情不由己地加快了速度，尔后竟一路小跑起来。

就这样追了一阵，还是没见大家的影子。莫非我迷路了！

细辨，这正是来时经过的那座断桥啊！没错。再追。

一座小山横在眼前了。这不是那座扔死孩子的乱葬岗吗?

那时的农村缺医少药，死小孩是经常的事。村里人谁家的孩子死了，用谷草一包，就扔在这小山上。因而，这乱葬岗就常引得一些野狼出没，大人们也就爱拿这乱葬岗吓唬小孩：再哭，就把你扔到岗子上去!

可眼下，一处如此可怕的地方，却要我一人独行过去，这对于一个尚不谙世事的孩子来说，那心中的恐惧，不亚于行走在一道悬崖边上的感觉!

这是一道关，我必须闯过去。因为我知道，只要过去了，离家就不远，最多还有一里路。

我在兜里装上几块石头，两手一只再紧握一块。我做好了独行乱葬岗，进行生死搏斗的准备。

踏着迷离的月色，我沿着山脚下一条石堰往前走。眼睛紧张地瞅着，耳朵警惕地听着，蹑手蹑脚，尽量使自己不发出什么响动……

终于，谢天谢地，我独自闯过了乱葬岗。我没有碰上传说中的野狼追扑，也没有遭遇想象中的险情，尔后，便一路小跑着回到了家。

故乡的亲人们啊，你们是否还记得：那年，在深秋的子夜，一个八九岁的孩子，独行夜路，当他扑进奶奶怀抱的刹那，发出的那阵惊动月光和星辰的哭声吗！

就这样，一个弱小的生命，一个顽强的生命，在经历了几番挣扎之后，又从故乡的小路出发，一直走向了它皈依灵魂的那片天地。

石匠二哥

街坊邻居谁都知道，我们姊妹七个，一大家子人的生活主要靠母亲给人纺线织布才得以维持的，家里不能没有母亲。母亲的病尽管很重，全家人谁也没有想到她会离开我们，所以，什么寿衣呀，棺材呀，墓穴呀，都没有做任何准备。

母亲病故了，一切都很仓促，只好用一个简单的棺材入殓，也没有埋葬，只是用土坯丘在了一个地头，准备等墓穴修好后再行下葬。

在为母亲修造墓穴的匠人中，有一个要我叫他石匠二哥的人待我特好，给了我难忘的记忆。

那年，石匠二哥还不到20岁，却已心灵手巧。一天，我见他正在雕刻一块石板，并告诉我，这是墓穴的门楣。我问这是什么花？他说，这不是花，是云，是白色的云。你母亲心地善良，一生劳苦，有了这片白云，就会有一位神仙时刻立在这云的上面，保佑老人家在冥间永远不再吃苦受累。

我真的相信了。直到母亲移葬时，都护着不愿让人把那墓穴的门楣埋住。

我之所以喜欢石匠二哥，还由于他对我特好。每次，不管是上工走去，还是下工回来，只要我俩一起走，他都要背起我，或者让我高高地骑坐在他的双肩上。有时我没去工地，只要他快收工时，我就一个人跑到胡同口，眼巴巴地等他回来。只要他一露面，便飞快地扑上去，双手挂在他的脖子上，说什么也得打会儿秋千才肯让他走。石匠二哥也从未拒绝过我的要求，有时他很累，即便坐下休息，也能答应我坐到他的两只脚上，让他上下抬几个高高。

那时我们家虽然贫苦，但对为母亲修造墓穴的匠人们照顾得还是很好的。记得那些专为匠人们做得好吃的饭菜，比如白面馍馍呀，小米面的煎饼呀，还有什么菜呀肉呀的，不要说哥哥姐姐们吃不到，就连我这最小的也不许沾。每当吃饭时，石匠二哥只要看见我，准会把我叫到跟前，夹一些饭菜什么的，装在小碗里端给我。有时哥哥姐姐们见我吃匠人们的饭，就用手指划着耳根羞我。每当这时，石匠二哥就护着我，并安慰说，这是二哥省下给你的，没事，吃吧。

很快，母亲的墓穴就修造好了，石匠二哥也该走了。

石匠二哥走的那天正下小雨，我舍不得他，一直送到村口。临别，我竟扑上去，死死地搂着他的双腿不放，非要他把我带走不可。于是，大人们就哄，说石匠二哥就住在姨家的那个庄子，过几天他还回来的。

石匠二哥走了，从此我就再没有见过他的面。只是到后来才知道，石匠二哥也是年龄很小就失去了母亲。或许正是他理解一个过早失去母爱的孩子的心灵期待吧，所以他才把自己的良善，化作点点滴滴的关爱，真诚地送给了我，送给了一个和他一样自幼就失去了母亲的人。

团团读字

团团在1岁3个月时就能认字，刚满3岁就已经认识很多字了。这些字都是大人有意无意间告诉他的，可当他把认识的字在某种场合读给你听时，却又引出不少有趣的故事。

2013年初的一天，我从幼儿园接团团回来，刚进小区大门，他突然问我，“二子女”什么意思。当时，我没看到他所问的字，就没正面回答，只是敷衍了一下。第二天再接他时，他又问“二子女”的事。我说，你说的什么呀？爷爷不懂。他的手一指，只见墙上贴着一张告示，大标题为“关于生育第二子女的条件”。原来，团团掐头去尾，只读出了他认识的“二子女”3个字。知道了他问的意思，我也从一头雾水中走了出来。

初夏的一个上午，我正给团团喂火龙果。团团问我，“侠西土”什么意思？我不解，说不知道。一会儿他又说“侠西土”。我问，什么侠西土呀？他说，那个包包呀。我一看，原来他是问放在桌子里边的一个包装袋上的字，全名为“陕西土特产琼锅糖”。他把“陕”读成“侠”了。他认识“侠”字，说是和电视上的“猪猪侠”一样。我立即给团团作了正确的解读，并且告诉他，这糖只有陕西省才出产，所以叫“土特产”。

国庆节后，由于又搬了家，离幼儿园远了，团团去幼儿园必须坐车才成。最近，在去接团团回来的路上，发现他的眼睛一点儿都不闲着，总是看路边的那些商行名字或路边的广告牌，凡认识的要么读出来给你听，要么就问你那是什么字，就连经过的桥的名字也不放过。有时，我还没看清楚那些字，车就开过去了。每当这时，团团总是站起来，扭回头去，直到车开得很远，他才把头转回来。一次，他突然说，“金凤成羊”。因为有点堵车，走得慢，我也看清了，就回答说，是“金凤成祥”，是“祥”不是“羊”。在这里，“祥”比“羊”多了点什么呢，团团你自己看。结果，团团很认真地用手指在玻璃窗上画着那个多出的“衣”字旁。

一天我去接团团，时至深秋，加上团团又在院子里和几名小朋友疯玩了一阵子，走出幼儿园时天气已经黑了。刚坐上出租车，团团就问：鸡蛋能生吃吗？我说不能，并且还给他讲了不能生吃的理由。可团团没信我的，似乎很有根据地继续说：“鸡蛋能生吃。在日本能生吃。”听了团团这番话，我刚要发问，话还没出口，前边的司机师傅却发话了：“呵，小朋友会认字了！”我还没来得及问，司机师傅把车灯打开，这时我才发现，那是前排座椅后背上的一串广告语。司机师傅对团团似乎很感兴趣，连说孩子很聪明，一定要好好培养，还高兴地和团团一起唱了幼儿歌曲《蜗牛黄鹂鸟》。到家时，我给司机车费，师傅却说，不用给了，小朋友很可爱，算我们的见面礼吧。当然，司机师傅很辛苦，挣点钱不容易，我是不会同意的，坚持给他付足了车费。

团团画画

团团是我外孙子的乳名（学名：邢羽墨）。团团从什么时候开始画画的，已经记不太清了。只记得团团2岁半时，他妈妈给他买回一个写字板。那板很奇妙，有专用的笔和板擦，不管画上、写上什么东西，只要用那现成的板擦从这头往那头一拉，便一切全无，就像什么都没沾过的一样。

一次，团团妈妈用一些抽象的词汇告诉团团用画表现出来，团团还真的有点感觉。比如，他妈妈说画个春天，团团就画出几条线，并且解释说：柳丝。他妈妈说夏天，团团就画出一个大圆圈，圆圈周围再点上一些长长短短的线（此前我曾在外面用小砖块教他如此画过太阳），并且解释说，天热。他妈妈说辣椒，团团又画出一个半圆，说是嘴张开了。因为他尝过辣的滋味，我们猜是辣得张开了嘴。依此方式，团团一连串画出了他妈妈提出的七八个比较抽象的问题。等到团团再大些时，团团果真对春夏秋冬有了自己的理解，比如2013年3月30日他自己画出的四季图，就是证明。这四季图分为四张。春天一幅：左边的团团说是一棵树，上为绿叶，干为咖啡色，自上而下有个似像非像的1、3、2，说是树皮。中间有个大圆套小圆，小圆是条状线，大圆为曲线，曲线圆外面还有放射状的十来条短线，看得出那是太阳的光线。最底下是一横着的咖啡色粗线（团团说是土）托着几条绿线，无疑，这是春天的小草了。最右下是什么呢？团团自己解释说是一朵花。我们看着却不太像，为鼓励团团的创意，我们就听从了他的。说完了春，再说其他几幅。夏：中间一个大大的太阳，发着热烈的光；右边的树，比春天的那棵明显干粗冠大；下边的草也“长高”不少。秋：右边还是一棵树，干粗冠瘦；左边是个果篮，里面装着好几种水果（是团团自己说的）；最下边是几条横贯两头的有些凌乱的长短线，团团说是落叶。再说冬：右边的树干更粗，冠更小，只剩了几条线，显然是说树叶已经落光了；左边一个雪人，笑脸，很高兴的样子。

显然，这四幅画团团是有整体构思的（也许他根本不是有意“构思”，更不懂“构思”是什么意思），不然他怎么会把四棵树作为每个季节的“象”呢！

我对团团画画的认可，开始是因为他的小茶壶系列。那还是他2岁10个月的时候，一次，我对团团说，你画的小茶壶不错，给姥爷再画一个看看。于是，团团就在练习板上画。开始我以为他画一个就不会再画了，没想到他画完一个大的后，一看有空白，就一连串又画了4个小的，而且样式各异，布局也合理，还说大的是茶壶哥哥，小的是茶壶弟弟（这幅画是画在画板上的，为保留，我给他和画都拍了照，并且收进了后来出版的《团团的故事》一书中）。

最近，团团的画似乎有了长进，“进”在他不是照着什么画，而是自己想怎么画就怎么画，想画什么就能画出什么来。而且还不止一次地表白：我是画家。至于是不是画家，尚不好说，也不必奢望，但他画出的几幅有趣的画，让人的确有点惊喜。

2013年8月的一天，团团拿出我给他新买的彩色蜡笔又乱画起来。因为没戴眼镜，没看太清楚他画了些什么，只觉得乱糟糟一片，就问他，团团画的什么？“小船水上漂，三个太阳照”，团团很高兴地回答。我戴上眼镜一看，可不是吗！只见上面有三种颜色画成的太阳，都发着光；太阳边有两只飞翔的海鸥；几条斜着的竖线，可能是风吧？下面是由紫色、黑色和几条横绿线组成的水面（像是大海，很辽阔的）；一只张帆的小船正随着风向在水面上飘动。这真是一幅“好画”，好在不是他画出了什么，而是在细节的处理上竟是如此的有意思：张扬的帆与表示风向的线，完全一致。看清之后，我又问团团：天上只有一个太阳啊，怎么画成了三个？团团并不犹豫，且胸有成竹地回答：是早晨一个，中午一个，晚上一个。说完自觉欠妥，马上又自我纠正：晚上是月亮，是下午的太阳。哈哈，没想到小家伙的画意还真有说道呢。

2013年12月圣诞节这天，团团一时高兴，在纸上用红蓝两色很快地就画出了一幅画，而后让我签署时间。由于我没戴眼镜，也没细看，顺着团团的手拿过来就签了“2013.12.圣诞节”。签完了团团才说：我是倒着画的。戴上眼镜再看，可不是吗，只见那画下面是云彩，中间红红的是太阳，上面还有红花、树木。倒过来看，天地又完全颠倒。已经签署时间了，也不能再涂抹更改，我只好在左下角又写上“团团倒着画的”几个字，以作补救。几年后，我问团团当初是怎么画出那幅倒画的？他说不知道，就觉得好玩。再问他现在还能倒着画吗，又说不会了。通过团团的“倒画”我在想，这种现象是孩子心理的还是生理的？别的家长是否遇到过，是否有人做过研究？是否有答案？真的很期待。

2014年2月6日，他在纸上一连画了4个人头。他指着画对我解释，这是妈妈，这是爸爸，这是团团，这个……稍顿了下又说，这是我的朋友月月。嘿嘿，我和他姥姥听得都有点“醋意”了：小家伙心里连“女朋友”都有了，却没有我们俩。当然我们的“醋意”也仅仅是为团团的画作增添一点笑料而已，并非真的“醋”。

2014年2月10日上午，团团又拿出他前一天画好的几幅画让我给他签署时间、画名（我和团团有个约定，只要我们两个有一人认为好的画，就必须保留起来）。其中一幅是这样的：那画的一头是一只手（五个手指是伸开的），另一头是由粗到细再到一条长长的线。我一时没看懂，就说这是蓓蕾吗？团团开始笑而不语，见我的确没有说对，就凑到我耳朵边悄声说：我扶着小鸡鸡尿尿呢。哈哈，真是太有趣了。当然这幅有意味的画我肯定要为他保留了，于是就郑重地写上了，团团画：2014.2.9。

2014年2月14日是元宵节，上午我翻出团团的近期画作要查个时间。团团也凑过来了，只见他拿起笔，抽出一幅苹果画在那苹果上横着就来了一笔。我赶紧制止，说这苹果再画条线是多余，就是“画蛇添足”了。团团却不慌不忙地说：我是切苹果呢。哈哈，小家伙的思维真的比我宽的多，也快得多。于是对他新添的这“画意”我只好再次给予了肯定。

2014年4月19日，团团又想画画了，他找来纸和笔就径自画了起来。因为是用钢笔画的，笔画较细，不戴眼镜看不太清他究竟画了些什么。团团画完了，就如以前那样要我给他题签。我戴上眼镜，就一幅幅问他画作的名字。其中有一幅，粗看像人的一只耳朵，就问，这是耳朵吧？团团说是“许多小人”。听了他的命题，我再仔细端详，可不是吗，在这幅像只人的耳朵的画里面，大大小小、形状各异的人脸共有27个。每张脸都是独立的面孔，而且眼睛、鼻子、嘴巴都很齐全。这不由使我想起了一位名人的话：画一个人最好是画他的眼睛。在团团这幅名为《许多小人》的画幅里，每个人的眼睛各有特点，而且由于鼻子和嘴巴的变化，则显出了多种不同的面孔。

再以后，团团又画出了如“荷塘月色”“美丽的天气”“向日葵”“一朵小红花”“妈妈的吻”“太阳花草叶子云”“妈妈、姥姥的三八节”“我和妈妈”（画名都是团团自己起的）等一些有了长进的画。团团四岁半那年，正好楼下有个幼儿绘画班开始招生，他妈妈就给他报了名。在白云老师的指导下，团团的画又有了很大进步。2015年5月，我准备出版一本《娃娃成长歌谣》儿歌集，集内几十幅配图用的都是团团的绘画，那时候团团刚五岁半。随后，团团的绘画还得到了编辑阿姨、爷爷的青睐，先后在《北京晚报》（2017.1.26）《作文世界·一至三年级读写乐园》（上海：2017.5期）《海内与海外》（2017.6月号）等报刊发表了习作。

团团签名

“团团”是外孙子的乳名。他出生后正赶上我退休，以朋友的说法，我成了专职姥爷。整整三年时间，在看护团团的日子里，他身上发生了不少有趣的事情，于是我就随手记下。三年下来，没想到竟然成了一本书。这书的名字就叫《团团的故事》。

《团团的故事》就要出版了。团团似乎懂得这书的意义，听说印刷厂要来送书，一大早就特高兴，并且几次问我：爷爷（他一直管我叫“爷爷”，习惯了，纠正不过来），怎么还没送书来呀?

早在几天前，我就对团团说，这书要送人的，有的团团还要签上名字送，你准备送给谁呀?团团胸有成竹地回答：给爸爸，给妈妈，给姥姥，给爷爷（姥爷）。还有安徽的奶奶爷爷，叔叔、姑姑。想了想又补充说，还有幼儿园的老师呢。说着便念叨起李老师、杨老师、崔老师、申老师，最后还补充一句，崔老师给我发花卷。

为了签好“团团”这个名字，提前几天团团就开始练习这两个字。小家伙学得很认真，也很快，没两天就写得像模像样了。

《团团的故事》是中午送到的，团团立刻要我打开包给他看。团团看后问我，这团团往哪里写啊，他要立即签名。我说不急，咱们下午睡醒觉再签成吗。他不干，非要立即签。拗不过他，签就签吧，我同意了他。

团团拿笔还不正规，满手攥着钢笔，使劲地在书的扉页上写着“团团”2字，签完名字，还写上了年月日。团团热情很高，一口气签了5本。我说先签这些吧，剩下的睡醒觉后再签。大概是团团体会到了签名也不是件轻松的事吧，就同意了。我很珍惜团团签的这5本书，没舍得送人，而是把它包好，作为珍藏本留了起来。

以后的日子里，团团陆续又签了一些书，有的送给了舅舅，有的送给了姨妈（春节给舅舅和几个姨妈送书时，凡有团团签名的，都颇受欢迎。甚至他的大姨妈还怀疑团团的签名呢，说才刚满3岁，是他签的吗？直到团团当众在一张白纸上工整地写出“团团”二字时，她的疑问才随之消散），还有的送给了他爸爸妈妈的朋友。当然，我也把他签了名字的书送给了我的一些朋友。

在团团整个签名的过程中，我发现团团还真是有创意。开始时他都是按照我教的写，那“团”字的方框有长有方，可签着签着他却改变主意了。比如有的他就“擅自”先画成个“圆圈”，然后在里边再写个“才”；有的是先画出个三角形，嘴里便念叨着，再把“才”装进去。更有意思的是，一次签名，他却创造性地来了个：大团抱着小团。就是先写个竖着的长方形“团”，再写个足以把小“团”也包括进去的大“口”，然后在靠左边竖线处再写上个很小的“才”字。写完后，还很自得地问我：爷爷，像大团抱小团吧？当然，对于团团的这个创意我是给予肯定的。接着，团团就又签了一本。我没再让他多签，只两本，怕别人不肯认可。这两本书，一本好看点的被他妈妈送给了同学崔航阿姨，一本不算太规范的，我就作为纪念留存起来。

还有一次，团团签名时，我告诉他，你想怎么签就怎么签吧。结果，小家伙又趁机发挥了一下：先画了一个圆形的小“团”，接着在右面又画出一个竖着的上小下大、下部且有点椭圆的“团”字。当时我没解其意，就问他这是什么意思？团团胸有成竹地回答：小的是乒乓球，大的是球拍，打球呢。而且很高兴地一下子就签了两本。这两本书，一本我送给了帮我们做书的大卫先生，结果，很快就听到了大卫在电话里的夸奖声。另一本送给了即兴为我的诗集《灵笛》写评的祝雪侠女士。小祝在书评里还说：团团的签名真有趣，很是逗人喜爱呢。

问候心情

心情需要问候。因为，心情是大千世界里风霜雨雪的产儿，心情是精神家族的重要成员。也因为，有时候心情很不幸，心情很劳累很辛苦。

好心情会吹来和煦馨风，好心情能降临绵绵好雨。好心情来了，那是飘然而至的天使，她遏制邪恶，她消除灾难，她还人世一片安详与宁静。

然而，好心情并非永远常驻，有时候它也很坏。一旦坏起来，它会甩出惊天动地的一串串雷电，它能制作掀翻舟楫的一丛丛狂澜。坏心情来了，那是挟沙裹石的怪气。它寻衅滋事，它平生祸殃，把好端端一方天地，搅得浑噩不堪。

即便如此，心情依然需要问候。因为，坏心情往往是由于好心情得不到应有的认可而改正归邪；坏心情也常常由于受到了应有的抚慰而变换了角色。所以，坏心情和好心情一样，都可能因时、因地、因人、因是否得到了理解和尊重而改变其走向。

是应该问候心情了。可心情在哪?

不是说心情无处不在，心情无时不有吗?然而，谁又看见过心情的影子，谁又听到过心情的声音!

那举动是被心情操纵吗?那行止是被心情役使吗?倾听那一曲哀怨而忧郁的歌唱吧!悉听那一声发自肺腑的呐喊与浩叹吧!聆听那一句情真意切的苦心规劝吧!还有，那乞而无门、求而无助、无可奈何的娓娓倾诉……

这便是心情了。它有如身体内部的软组织，有如行走在肌体里的气血津。它协调平衡，它抵御疾患，它为生命的健康不知疲倦地工作着。

当然，有人也说心情还是一种味道。咀嚼它，能品出人世间的酸，能品出人生里的甜，能品出命运中的苦，能品出心灵上的辣，也能品出生命内的咸……心情是那道丰富生活的多味素呢!

但人们更需要、更喜欢的还是被好心情孵化出的那熏风般的温暖、和煦与明丽。

这是企盼，这是追求，同时也是人们随时随地都会得到或者失去的一种存在。

问候心情吧。从她那里，每个人都可以回收自己的付出，每个人都可以获得“问候”的回报。

我的梦

黎明，再接受一次恳求吧，留一片夜的角落，藏我美丽的梦。

——题记

世界上最孤独的是梦，最快乐的也是梦；最荒唐的是梦，最美好的也是梦。梦是奔突不熄的地火，梦是意志喷发的奇观……

呵，我爱我的梦。

梦有色，五彩缤纷；梦有味，甜酸苦辣；梦有声，是生活之锤撞击命运之钟的阵阵回响；梦有形，似信手可撷的路边花，如随时可触的绕身风……

哦，我的梦……

踏着父亲和母亲不算和谐的旋律，我走上了人生的舞台。

这就是属于我的舞台吗？它太简陋了，它太窄小了。人生是支歌：1—2—3—4—5—6—7。这音阶，注定我的路坎坷不平。于是，父亲嶙峋的肋骨成了我登攀的阶梯，母亲苦涩的乳汁是我灵魂的洗洁剂。我有了路，也有了一双去大千世界寻觅真善美的眼睛。

不要阻止我吧！

生活太美好了：一落生，我就对芸芸众生发出由衷的歌唱。

人世太无情了：一学步，我就一次次被拉不直的问号绊倒。

风说，看我把迷雾驱散；雨说，看我把坎坷踢平。果然，风来了，雨也来了。但风雨过后，却留下一片断垣残壁……

相信生活吧！梦说——

火的面前，我是水；水的面前，我是岸；岸的面前，我是山；山的面前，我是鹰。鹰有翅……

相信求索吧！高阔的天空说：我是希望，我是未来……

不必为心愿设置障碍！我相信梦。

我的爷爷

爷爷如果活着，至少有130岁的年纪。

爷爷是个乡村穷秀才，教了一辈子书。在我的记忆里，爷爷思想守旧，观念落后，还很固执。比如，爷爷也说地球是圆的，可他所理解的圆，与年轻人所说的圆完全是两码事。他说，这地球的形状就好比一个西瓜被拦腰切成了两半，我们人就是在这个切开的平面上坐着、站着、走着或躺着。如果你说他错了，是个没切开的西瓜状，他会很生气，也会很认真地对你说，怎么可能呢！如果是那样，这“西瓜”旋转时，你我等人岂不是有时要脚朝上头朝下、头足倒立吗！记得有一天，家里从关东来了一个穿制服的本家哥哥，为此，爷爷还和他争得面红耳赤。那时候我尚不谙事，不知道他们谁说的对，似乎觉得都有道理。

一次我问爷爷，天上打闪打雷是怎么回事？爷爷说，那是老天爷生气发火呢。闪是他老人家的眼光，比如人要是做了坏事，老天爷就先瞪上一眼，如果那做坏事的人还不觉悟，不改正，他就会很生气地大喊，那雷就是他发怒的声音。那时候我不懂什么叫科学，爷爷的话还真的相信了好一阵子。

爷爷是个读书人，很爱惜书籍，甚至连带字的纸都不许随意撕扯、烧毁，更不准乱扔。有一次，爷爷曾拿着从地上捡起的一张字纸问我们弟兄几人：这是谁扔的？让人乱踩！孔圣人看到会生气的。可文化大革命那阵，爷爷却无可奈何了。记得有一天红卫兵们把从各家抄来的“四旧”在街头焚烧，从不爱凑热闹的爷爷也去看了。可他只是远远地站着，一句话也不说。爷爷拄着一根拐杖，目不转睛地望着那堆火。直到那火都熄灭了，他还在望，很久、很久才缓缓离去。

爷爷一生惜书如命，我见过他保存的那几大箱子书，一本本都新的一样。有人说他没读过那些书，只是收藏了。这我不信，因为爷爷一肚子的故事都是从那些书上来的。比如“封神演义”、“东周列国”、“三国志”，还有清王朝的一些宫廷“故事”等等。爷爷像个说书人，讲得绘声绘色，头头是道。每当冬闲或是家里来了客人，他们都邀爷爷讲上一段。也许是爷爷的故事感动了人们，或者是那些听书的人出于对一个文化老人的尊重，“文革”刚开始破“四旧”时，人们谁也没有到我家里来抄过什么。后来爷爷那几箱子书被烧，说起来罪过还应在我。

记得那些日子爷爷被二姑接走了，趁他没在家，我对父亲说，红卫兵会不会也来我们家抄东西，爷爷的那些书就别留了吧，会惹祸的。当时我已看到，有的人因为私藏了一幅门神被挂牌游街，有的家里因为藏了一些被叫作“封资修”的书，惹得红卫兵闯进院子直喊口号。想想如果真有一天有人也闯进我家和爷爷过不去，那该怎么办？80多岁的老人可经不起这种刺激呀。再说，我这个正在努力争取当“红卫兵”的人，不是也要吹了吗。于是，我就和父亲商定，把一些主要的、认为会惹麻烦的书拿到野外，趁夜色悄悄地烧掉了，只留下一点无关紧要的书，交给了红卫兵。爷爷从二姑家回来后，并不知道那些书已经被全部烧掉，也并没有发什么火，因为他老人家相信了我和父亲的话：只是替他把书藏了起来。由于“文革”的第二年我就再一次远离了家乡，爷爷也于1968年10月去世。至于后来老人家是否已经知道了他的那些心爱的书早已化作灰蝶，没了踪影，我不得而知；爷爷如果知道了，他老人家又是怀着一种怎样的心情离开这个世界的呢！为此，我至今感到不安和愧疚。

在我的记忆里，爷爷有个习惯：总爱咳嗽。有时是早晨起床时咳嗽，有时是从外边回来快进家门时咳嗽。开始我不理解，爷爷怎么养成了这么个毛病呀。后来知道了，那是他用咳嗽的声音向家人发出的信号。那意思是，我在这里呢，孙男娣女们衣着要整、行为要敛呀，免得被做老人的撞上，彼此尴尬。

在我们那个地方，在人们的眼里，爷爷是个有修养、很严肃的人。在街头，抑或另外的一个什么地方，只要有他到场或者经过，正说笑的人就不再说笑，正打闹的也不再打闹，常常是要等他离开了，才能重新听到那些嘻嘻哈哈的话语声。

爷爷似乎有些孤独，他常和小孩子们在一起玩。据家乡人回忆说，爷爷临终前的那个上午，老人家又突然来了兴致，和一帮六七岁的孩子一起又唱又跳的玩了足有两个钟头。中午，嫂子叫他回家吃饭，爷爷说有点累，想躺下歇会儿再吃。

爷爷睡下了。大约过了一个小时，嫂子把为他做的鸡蛋面盛好，再去喊爷爷起来吃饭时，爷爷却再也不会答应了……

那时候正闹“文革”，丧事是不能大办的。可爷爷出殡那天，听家乡的人们说，老老少少，几乎整个村子的人去为他送行。

心灵呓语：我对我说

妻子的唠叨，是一部喜闻乐见的随身听。

*

故乡是个被窝，所有留恋温暖的人都很怀念她。

*

欣赏他人的时候，正是在塑造自己。

*

以自己的创造和勤奋酿制的成功，是一杯终生品味不尽的美酒。

*

丰富而美好的内心世界，是提升人生以及生命价值的最重要成分。

*

在一个人的脓疮上是涂药还是涂脂抹粉，是对涂抹者人品优劣的一种检测。

*

人的一生，不要只是企望在高点上行走。

须知，有高有低的人生历程所形成的曲线美，才更动人、更有魅力。

*

忍耐并非逃避，它是积蓄能量的一种智慧行为。

*

既然想生命火焰般燃烧，

就不要拒绝灵魂被苦苦煎熬。

*

家庭是一枚蚌壳，一旦揉进了沙子，有的会死亡腐烂，有的则磨砺成珍珠。

*

在走向成功的路上，一定会有一个时刻准备为你祝福的人。

这个人，往往就是那个平时很不被你留意的人。

*

被暗箭射中的伤口，是人的第三只眼睛，通过它，可以看透各种表象。

*

真诚——一种最珍贵的人生元素。它如同山里的宝石，沙里的金子，海里的珍珠，尽管稀少，但毕竟能够找得到。

但是，真诚如果稀少得像宝石一样珍贵，那是人间的不幸。

*

不可低估了真诚和善良的力量。

谁亵渎了它们，谁就会为此付出昂贵的人生代价。

*

真诚是获得信任的前提；

信任是滋生威望的基础。

而威望，则是开发生命的动力。

*

责任是一副沉重的担子，挑起它就不要惧怕劳累和辛苦。

*

自信是打捞命运的救生圈；自信是人生挺立的支柱。所以，人非有自信不可。但自信不可过头，否则就会滑落“刚愎自负”的泥淖。

刚愎自负是一种不健康的心理状态。人一旦“刚愎”起来，就难免使正直的人生发生倾斜。

试想，一根倾斜了的支柱，如何承载重托呢！

*

愈是逆境里唱出的歌，愈是悲壮、豪迈。

*

要相信没有人为自己的人生设置程序，脚下的路全靠自己去走。

*

不幸和痛苦，是亮丽人生的高级补品。

*

反思是为心灵打开通敞之门的一把钥匙。

*

痛苦是燃烧在生命里的一种炙烤灵魂的火焰。

它冶炼意志，它提纯思想，同时它也能焚烧心灵的腐枝败叶，从而提纯人的品质。

*

一个把命运交给他人掌控和摆布的人，十有八九他会成为悲剧的角色。

*

苦难是人生的营养品，耻辱感是更高级的营养品。认真地咀嚼它吧，它能使人的思想健康，它会让人的灵魂长寿。

痛苦是一块肥沃的土地。辛勤地耕耘它吧，种植它吧。它的回报是果实。

*

只要心中驱逐了黑暗，世界就是一片光明。

*

寂寞是一把钥匙，它能为你打开灵感之门；

寂寞是一条巷道，它能引领你走进创造的广场。

*

思虑是一把镰刀，既可以砍伐荆丛，也可以收获金秋。

*

回忆，就是借助往事的力量，推开面前的那扇大门，走进或悲或喜、或苦或甜的庭院，接受记忆的洗濯。

*

表扬是精神的鼓风机，批评是心灵的营养品。

能同时吸纳它们者，灵魂则健壮、高大。

*

不要讥笑爱做梦的人吧！

因为做梦毕竟是活人的事，死人是从来不做梦的。

*

手的功能不仅仅是拿来，而且还要奉献。

*

敏感是一面凸透镜，它既能放大快乐，也会凸现痛苦。

*

平衡的负面效应，便是平庸。

*

自私是坟墓，走出坟墓就会走出死亡；

嫉妒是围墙，走出围墙就会走进辽阔。

*

底蕴深厚者，便自信；自信者，则自立。

自立者：如一棵树，如一座山；不像藤，依附攀爬；也不像草，随风倒伏。

*

利益是一部强大的驱动器。

它可以启动或加速一个人境界的升华，也可以促使其灵魂飞快地堕落。

*

舍其事而成其心者，为高尚；

舍其心而成其事者，则卑鄙。

*

嫉妒是嫉妒者喷吐的烈火，疯狂地燃烧，肆意地暴虐。

它能把遭妒者烧成灰烬，它能使绿洲变成荒漠。有多少蓬勃的生命被它焚杀，有多少伟大的创造被它毁灭。它摧残善和美，它纵容丑与恶。清明的世界被它弄得乌烟瘴气，美好的人间被它搅得一片污浊。

魑魅魍魉以它为渊薮，人妖鬼怪奉它为圣杰……

其实，嫉妒还是嫉妒者自设的樊笼，是在吞噬自家种植的苦果。

*

名言或格言，是思想者把生活中采撷到的矿石，经过思虑之火的冶炼之后，再经过一番精心打磨而奉献出的稀世珍宝。

*

机遇、机缘或运气，决不会像雨点那样密密匝匝，轻易就会落到谁的头上；

机遇很吝啬，尽管有时梦里寻它千百度，却常常是踏破铁鞋无觅处；

所以，要善待机遇。

*

时间像个不停地摇来晃去的筛子，它能把一切有价值和应该被淘汰的东西分得一清二楚。

*

风来了，被风吹走；

雨来了，被雨冲走。

这就是轻浮者的命运。

*

皱纹——为了不使成熟四处流浪，生命才设置了管束它的栅栏。

舞动在眼角的鱼尾纹，是岁月赠给人们的一把扫除天真和幼稚的神帚。

*

纯洁是一种冷色，如雪花，如霜凌，如清露，如寒天的月色。

经常接受这浸润，沐浴这辉光，会保鲜一个人的情感世界。

*

如果灵魂是树，那么人生所经历的幸福、苦难、欢乐、忧伤……就该是这树上结出的果实。

*

叶子如日子。

再翠绿的叶子，也会经霜沐雨；

再平静的日子，也会有风有浪。

*

爱心是一把嘹亮的号角，它能吹醒沉睡的灵魂。

*

一无所有的风，虽然清贫，带给人们的却是无尽的清爽和温馨。

*

宝石藏于山，珍珠蕴于海，金子掩于沙。

真的人才，往往就在这如山、似海、若沙的芸芸众生之中。

*

一滴水珠，一片绿叶，一枝花蕊，一份善意……

虽然它们很弱小，却是净化、美化世界的基本单位。

*

风景——灵魂的领导者，欲望的蛊惑者。

*

从一朵花的艳丽中，从一粒果的馨香里，只要用心观察，就不难发现，在它们身上都残留着一种艰难跋涉的痕迹和成长的痛苦。

*

不要鄙薄泥土，不要践踏小草。

因为——

当你飞升得不能再高，一旦跌落的时候；

当你行走得不能再远，一旦累倒的时候；

看吧，那亲近你、呵护你的，一定就是那一片泥土或一簇小草。

*

情感是流水，清澈而明净；理智是危石，沉重而多姿。石逢水，影动神飞；水遇石，舞美歌甜。

*

哈哈镜里，是一个畸形的世界。

伸手可即的成功，并不光彩。

希望，总爱伸出多情的手臂，把不慎跌倒的人生搀扶起来。

我给动物园提建议

记得那是20世纪80年代初，一个初夏的日子，我带着不满5岁的女儿去北京动物园看动物。动物园绿树成荫，碧水潋滟。瞧着那些姿态各异、生动可爱的动物们，女儿高兴极了，不时地问这问那，恨不得把整个动物界都立刻了如指掌。

数不清的飞鸟，问不完的走兽。数着问着，我的尴尬就来了。因为有很多的鸟、兽我从来都没有见过，根本不认识，更叫不出它们的名字。

栏杆上不是挂着牌子吗？牌子上不是明明白白写着动物们的名字吗？尴尬就出在这写着的名字上。因为除了一些不认识的字以外，有的字虽然脸儿熟，可它偏偏又多出一个什么偏旁或者部首，弄得人一时很难把握它到底应该念什么字。想告诉女儿吧，又怕误导，不告诉吧，又怕她失望，说不认识呢，唉……一时的确很尴尬。问游人，大多都以摆手或摇头示意。

这文化水平低的人还不只我一个，看来有必要向动物园提个建议：为方便游人，请你们费心在标示动物名字的小牌牌上再注上汉语拼音，以便如我等这些文化水平不太高之人能够准确地读出动物们的名字。

一回到家，我就给北京动物园寄去了我的以上建议信，地址和信封署名都是我爱人收。那时我在沈阳部队当兵，假期有限，还没收到动物园的回音，就归队了。

回到部队后，大约过了一个月时间，妻子写信告诉我，动物园回信了，很热情，很诚恳，很认真，并要我们继续关心动物园的建设。那封信我们一直保留了很久，后来我转业到北京后，因为多次搬家，那封信就不知失落在了何处。不过这里需要告诉人们的是，动物园的确采纳了我的建议，事隔一年多后，当我再次带着女儿去动物园时，那里的每个牌牌上，在动物们的名字下，都规范地加上了汉语拼音。

感谢北京动物园的工作人员，感谢当年那些如此认真经手此事的人们。

（最近去动物园，发现那汉语拼音的下面如今又加注了外语）

我落伍了

女儿要买电脑，周日便陪她去中关村电子一条街选购。

出这家店铺进那家商行，直看得眼花缭乱。真没想到，除广告上脸熟的几家电脑公司外，还有那么多不知名的小公司生存着，老少几代，堪称一个大家族了。

在当代商城，面对一台标价八千多元的电脑，我问导购员：这价格都包括哪些部件？自知问得还算得体，可话刚出口，女儿的目光便铁锹般地直剜我。

女儿读大学时学过电脑，在单位也经常使用，自然要比我懂行。在她面前我还是谦虚一点好。

刚才怎么了？出得店门，我试探地问女儿。

买电脑不能问包括什么，应使用“配置”二字。否则，人家一听就知你是个外行，瞧不起你不说，如果遇到个缺德的，弄不好还会哄你、骗你、宰你没商量呢。

女儿的话听着确实在理。因为在许多“新问题”上，女儿的确要比我强。比如当初购买的几件家用电器，在如何串连的问题上，我鼓捣了半天也没弄好，可女儿下班回来三下五除二，一会儿就全灵了。还有前不久刚买的手机，许多功能，我就是开发不出来，女儿拿来左右翻腾了几下，不一会儿就弄出来好几个服务项目。社会在培育人，想想自己的确是落伍了，跟不上时代前进的脚步了。对此，以前我也曾嘲笑过父亲。

那时父亲手腕子爱疼，我就给他买了些伤湿止疼膏寄去。一次我回家，见父亲手腕上的伤湿止疼膏已脏兮兮的黑，问他怎么不换一下。他说，这膏药没掉下来，就说明它还有药效，有药效就能继续治病。问嫂子，说这药布已贴了十多天，怎么动员他都不肯换下来。我告诉父亲，这止疼膏只有二十四小时的效力，过了就没用了。说着就要动手把它揭下来。父亲赶紧制止，说不成，这药力正起作用呢，你这一揭反而误事。说什么也不让我揭。

这就是父亲对科学知识的理解。记得当时我还讥笑了他一句：真落后！

而今，我也坐到了父亲的位置上，而且已经“任职”二十二年。我是不是也落后了呢。尽管平时不愿或不敢承认，可看一看社会存在的现实，又不能不认真地拷问一下自己了。

那天我下班骑车经过一座小学校，正赶上学生放学，见两个学生正在追逐、斗嘴。一个说，你是病毒，尽做坏事，人人都讨厌你；一个马上反唇相讥，你是千年虫，全世界都想消灭你。看，真是时代不同了。想想当初我上小学时，同学间的戏谑用的竟是你是地主，你是资本家，你是日本鬼子、汉奸等等，差别实乃天上地下。

历史在发展，社会在进步。长江后浪推前浪，世上新人撵旧人，这是规律。规律是不可违背的，违背了就要受惩罚。从陪女儿买电脑一事我领悟到：我必须老老实实地承认，自己已经落伍，不应该再像以前那样自恃见高识广，自以为是地发号施令了。应该放下前辈的架子，虚心向后生学习，直至腾出空间，让他们去想象，去发挥，去创造，去推动这世界的更快进步。而不能只有把空间留给了愚昧，留给了腐朽，留给了贪婪，留给了野心，才叫心安理得。

心灵是一片土地

心灵是一片土地，是根的家。是种子放飞梦想，期待和向往的庄园；是红硕的花，成熟的果，直至参天大树无法忘怀的故乡。

心灵是一片土地，一笔人生独有的财富，他人无法占有。在这片土地上，种瓜得瓜，种豆得豆。如果慵散懒惰，不肯耕耘，不去播种，这土地就会荒芜。荒芜的土地里，会杂草丛生，会秕草满目，甚至会有毒草恶株泛滥成灾。

心灵是一片土地。它埋藏智慧，珍存希望；它孕育生机，助长活力。发现它，开垦它，会有一种挖掘的快乐和收获的满足。

心灵是一片土地，它拥有不可低估的抚育能力。你看，在那悬崖峭壁的缝隙间，虽然只有一捧泥土，却养育了一棵树，抑或一蓬草，从而使它们成为一簇簇耀眼的风景。

心灵是一片土地。它不但拥有抚养的能力，还拥有承当的力量。那巨龙飞奔的铁道线，那四通八达的公路网，那纵横交错的江河流，那直插云霄的高楼群……一条条，一幢幢，无一不是踏着土地的身躯，踩着土地的肩膀而起飞，而登顶的。

心灵是一片土地。这土地有肥沃与贫瘠之高下：不惜汗水，辛勤耕耘，是土地肥沃之秘诀。

心灵是一片土地。这土地有湿润与干涸之区分：审度云雨，洁身净气，是土地保有常态之诀窍。

心灵是一片土地。这土地有松软与板结之不同：敞开情怀，吐故纳新，是土地永不僵滞之奥妙。

心灵是一片土地。这土地有冰冻与温暖之差别：善待四时，感受阳光，是土地永驻春天之真谛。

品咂着土地的味道，吮吸着土地的清芬，触摸着土地的温润，感恩着土地的厚爱，生命会愈加蓬勃，人生则不断丰富。便会有希望之鹰起飞，一只只飞向高远，飞向辽阔……

当飞翔的鹰劳累了，困倦了，这土地——便是温馨的眠床。

仰 望

仰望源于魅力；仰望钟情向往；仰望受信念驱动；仰望是觉醒的生命；仰望是心灵企盼图腾的抚摩；仰望是人生向上向前的寻觅与探索……

曾经，仰望着大哥哥大姐姐鲜艳的红领巾心生倾慕；曾经，仰望着校园里每天升起的五星红旗成长立志；曾经，仰望着蓝天上飞动的白云大雁遐想万千……

仰望，仰望着走出深谷，仰望着奔向光明，仰望着争取胜利，仰望着走向成功……

仰望岁月，回首来路，或曲折，或笔直，或坎坷，或平坦。路边，总有绿树摇曳，总有鲜花芬芳，总有鸟儿啁啾，总有蜂蝶唱舞；心中，总有历史铸就的万千雕像巍然屹立。

那是井冈山挑粮队伍踩弯的小路吗！那是遵义城头迎风飘扬的战旗吗！那是先烈们留在险山恶水间的冷冷忠骨吗！那是天安门城楼庄严肃穆的国徽吗……

望见了！望见了！

因为仰望，遥远的近在眼前，微小的陡然高大，陌生的顿成亲切，迷茫的变得清晰……

仰望吧！仰望山，意志在仰望中更加坚定；仰望水，心灵在仰望中得以净化。

仰望昨天，憧憬的心，奋斗的手，敬意与崇拜激荡情怀；仰望今天，温暖的风，和谐的韵，美丽着人间……

仰望吧！仰望天，仰望地，仰望春夏秋冬风霜云霓。

仰望吧！以心为舵，以爱为桨，以情为帆，谱一曲赞歌唱给辽阔蔚蓝。

仰望吧！以真为经，以善做纬，以美当梭，织一幅锦绣献给朗朗晴空。

仰望吧！生命在仰望中昂首行进，心灵在仰望中豁达、宁静，人生在仰望中充实、美丽。

用儿歌滋润孩子的心灵

孩子稚嫩的心灵犹如一张洁白的纸，大人为其涂抹的底色，将会影响他的一生。作为孩子的姥爷，在看护孩子成长的岁月里，用自编的儿歌于潜移默化中启蒙他、鼓励他、引领他，这也是我们长辈人的一种兴趣、责任和义务。

外孙两岁半时，一次我发现他学着大人的样子，自己把吃剩的香蕉皮扔进了垃圾箱，便立即写出儿歌《宝宝扔垃圾》给予鼓励，并且教他背诵：

苹果核　香蕉皮/宝宝自己扔垃圾/垃圾箱　张张嘴/吞下垃圾心欢喜/爱清洁　爱环境/都夸宝宝好孩子

外孙喜欢在家看书，不爱去室外晒太阳，有时要反复动员才能成行，而且有时还要讲讲“条件”。于是我又写了儿歌《太阳手》送给他：

太阳有只手/领着小树走/越走树越高/长成大个头//太阳有双手/捧着花儿走/越走花越多/香气满枝头//暖暖太阳手/牵着我的手/从早走到晚/送我梦乡游//太阳手　抚爱的手/太阳是我好朋友/太阳手里我长大/长成一个小能手

爱看卡通节目是孩子们的共性，外孙也不例外，但长时间看电视、看电子产品会影响视力。如何纠正这些不良的生活习惯呢？根据孩子的“问题”我写了一首《好习惯》的儿歌提醒他：

手机光亮会伤眼/电视不能长久看/不抠鼻子不舔唇/宝宝养成好习惯/好习惯　好孩子/叔叔阿姨都喜欢

小区里有座滑梯，那里是孩子们的乐园。有时孩子多，你争我抢不懂友谊和谦让，而且容易发生危险。在儿歌《滑滑梯》中，我这样诱导：

阳光照　风儿吹/大地一片暖微微/小朋友　滑滑梯/你追我赶比飞飞//蝴蝶飞下彩虹桥/紫燕追来歌滴翠/小小蜜蜂也要飞/一只一只排好队

或许受家庭氛围的影响，外孙从小就特爱看书。先是绘本，后来是文字书，而且边看边自己学认字，刚满五岁时自己就能阅读《西游记》（青少版）了。尽管大家都不提倡他这么早就看书，会对眼睛不好，但我还是用一首《爱看书的小娃娃》对其学习精神予以肯定：

宝宝爱看书/不图黄金屋/只为书中小朋友/小狗小鸡和小兔//小狗啃骨头/小兔吃萝卜/小鸡满地追虫子/欢欢喜喜五彩图

爱美之心人皆有之，可不要以为这只是大人们的事情。据我观察，孩子从两三岁起对美就有需要和追求了。儿歌《迎春花》的生成堪为一例：

迎春花　像黄鸭/搂着枝条往上爬/雨来了　不害怕/风来了　笑哈哈/大家聚在春天里/欢欢喜喜过家家

这最后两句中的几个字，如“在”、“欢欢喜喜”就是根据外孙的建议，由原来的“会”和“欢欢乐乐”修改而成。至今外孙还为自己能够参与其中而感到自豪。去年，面对满眼春色，他有感而发，画了一幅水彩画《迎春花》（该画已被一家幼儿画刊选中），也许这就是“美育”在孩子心灵屏幕上的投影吧。

为孩子写儿歌，教孩子背诵儿歌，还能培养孩子的想象力，这是我看在眼里想在心里的。

一天早晨外孙起床很早，见他对着窗外发呆，我问团团你在做什么呢？他说我给太阳化妆呢！这出乎意料的回答立即给了我写作儿歌的冲动，一首《我给太阳化个妆》便很快成型：

清晨的太阳亮光光/圆圆的脑袋红脸庞/太阳是个小可爱/我给太阳化个妆//画缕小草做头发/画棵小树做鼻梁/扁扁树叶当眉眼/树根是胡须/嘿/挂在太阳下吧上//再画小鸟当耳朵/一边一只要飞翔/果实给太阳做成嘴/还撅起小嘴直嘟囔/哼/只画头不画腿/快快采下那片霞/给我做件云衣裳

不久，该儿歌就在《东方少年》（布老虎画刊）发表。

下雨了，外孙要去看雨点。穿好雨衣带上雨伞，我俩站在雨天里，倾听雨点敲打雨伞的美韵，分享雨滴跳入水洼的惬意，那时赶上我国海军一艘潜艇正脱险归来，我突发奇想，一首儿歌应时而生：

小雨点　滴滴答/叫醒了树　染红了花/争先跳进小河里/要去大海找爸爸//爸爸是个潜水兵/正在海底守护家/好爸爸我来了/帮我采朵海浪花

该儿歌先是在《解放军报》发表，后来又被来自四川的一位素不相识的音乐爱好者牟雅元先生改编为《小雨点要回家》并谱曲，分别由来自上海的余越和石家庄的高子惠小朋友演唱，至今还在网上传播，点击量一度达数百万之多。

“升国旗”，是学校对孩子们进行爱国主义教育的重要内容之一。身临其境，面对国旗的孩子们心里会怎么想呢，我编写儿歌这样说：

蓝天里　红旗飘/五星红旗金光耀/小朋友　排好队/仰望国旗志向高//举手礼　唱国歌/国旗徐徐在升高/今天立下少年志/长大为国立功劳

或许是受其儿歌影响吧，去年九月外孙在入学的当晚画了一幅名为《开学第一天》的画，在画的一旁还写上了一句话：要做革命接班人。这句话是老师布置要写的还是外孙自己的有感而发并不重要，但以正能量的家风影响孩子，以“求美”的形式——儿歌，去滋润孩子的心灵，实为全家人的共识。

第3辑·天蓝 地绿

“拜托”贪官

笔者今年订了一份《检察日报》，看检察新闻便成了每天一好。

《检察日报》是一家专门反映检察工作的新闻媒体，因此，全国各级检察部门的一些工作情况便很自然地就在这张报纸上反映出来。比如关于反贪成果的报道就占了很大的比例，每期都有大大小小的各类贪官在这里“亮相”，少则二三例，多时八九人。其中，有被一个偶然事件牵出的贪官，有因一个假冒伪劣案子扯出的腐败分子，也有为拔一个“萝卜”而带出的一堆“污泥”；还有“廉政标兵”原来是个赌徒，“廉政局长”涉嫌受贿被审……，既有威行一方的省长、市长、局长、县长，也有权倾一隅的厂长、校长、经理、监理，（当然，有的要加个“副”字），各路“神灵”无一不到，真可谓“遍地贪官”。

仅从报道上看，全国贪官确实不少。但怎样看待这个“多”，却有个角度和思想方法的问题。笔者以为，揭露的贪官多，说明在我们党内和国家的权力机构内确有贪官存在，有明显的，也有隐形的，人们提高警觉，认识他们，提防他们，并且及时地揭露他们非常必要。另一方面也说明，我们党反贪的决心和力度确实在不断加大，并且取得了一定成果。这是好事。正如一棵树生了虫子，及时地铲除它、消灭它，总比任其继续生长、祸害要好；再者，如果房子的角落里有了发霉的物件，把它们及时拿到阳光下晒晒，总比藏着掖着、让它继续发霉、污染要好。

话到这里，笔者禁不住还想说，如果那些掌控着一定权力的官们不再去贪岂不是更好！君不见，中国还有那么多老百姓在受穷，中国的发展和进步还需要很多人去奉献和付出；为了党的声誉，为了国家和民族的利益，怎能只为一己私利而做那种一粒耗子屎坏掉一锅粥的事情！这理儿应是为官者一条起码的道德底线。所以，为建构一个和谐的社会，为国家不再因为反贪而付出如此高的政治成本和经济成本，贪官们，恳请你们也与时俱进，收敛一下贪婪的胃口吧。这里真的是拜托了！

斯人位卑言轻，只可惜这美好的心愿和声音他们未必听得到、听得进。

“吃活动饭”者

十年动乱，曾经给神州大地增添过不少难忘的内容。比如那种靠“吃运动饭”而红极一时的人，他们“轴承脖子弹簧腰，头上长个试风标”，靠了脑壳里那点灵活和政治嗅觉的敏感，投机钻营，有的平步青云，有的八面玲珑，好不显赫。如今，市场经济发展，那些玩花活儿、“吃运动饭”的把戏早已被挤得没了地盘。然而，人们也许会发现，在市场经济条件下的现实生活中，一种专靠“吃活动饭”，且有滋有味潇洒活着的人，的确也不可小瞧。

那些“吃活动饭”者，大都没有什么真才实学，为人民服务的行列里，为社会奉献的队伍中，基本见不到他们的影子，懒、散、骄、横、蛮、混，则是他们的显著特点。但他们靠自己的眼尖（身上残留着：“吃运动饭”者的遗风，会看火候，会瞧门道）、耳灵（耳朵很长，喜好四处打探，信息特灵）、嘴巧（能说会道，你这里苦干实干拼命干，不如他在要人面前动动舌尖）、腿勤（能跑善颠，东奔西窜，你有奖励、先进一大串，不顶他踩趟要人家的大门槛）、脸皮厚（针刺不疼，刀扎不透），办什么事都很顺当。

据“吃活动饭”者流露，“活动饭”这碗饭其实并不容易吃，吃不好也会硌牙，也会弄出个消化不良什么的，因而，吃什么，怎么吃，也是颇需讲究一番的。

比如某个官位有了空缺，几个候选人水平差不多（假如这候选人里没有你，第一步就得先把自己“活动”到候选人里去），上级领导一时无法敲定时，那就要看谁的“活动”能力强了（时下被称作“情商”高）。活动得晚了不行，太早了也不行（平时注重感情投资者例外），浅了薄了不行，太深了厚了也不妥。难度是有的，不过不用担心，只要你审时度势抓住时机，会看脸色，会猜心思，关键时刻再甩出那一句顶一万句、能使人浑身细胞兴奋一场的一两句话，当然，如果身边有哥儿们再帮忙敲敲边鼓，这事也就八九不离十地成了。

当然，计划经济萎缩，市场经济茂盛，如今的官也不是那么好当的，仅几十、几百，乃至上千张要吃要喝的嘴，也够官们忙活的。不想操这份心也没关系，那就来点实惠的。比如分房，僧多粥少，“活动”了就有你的份儿，不活动就没有你的事儿。那就和管房、分房的人多套近乎，大哥二弟的喊勤点，必要时叫声叔叔大爷都不在话下。如果伺机串串门子，能再表示上点什么“意思”，房子的问题，将会大大地有戏！

如果你的房子早已“活动”得“供大于求”，眼下只是想求点名位，比如弄个职称什么的，好以此抬高自己的身价。这也方便，只要你肯“活动”，准能“活动”出个名堂来。树活动死，人活动活，谁叫你是人，是万物之灵长来着，不活动才是十足的傻瓜加笨蛋呢！

看官到这里，也许会大声呵斥：快收住你这张瞎说的臭嘴吧，我们这里可从没这事！领导自觉廉政，处处以身作则，主动关心下级，时时体贴群众，有“吃活动饭”的人，早被打碎了饭碗。果真如此，真让人羡慕你的幸运，那就请允许我等烧炷高香，大声地替您念一声“阿弥陀佛”吧！

打招呼问题

打招呼，就是用语言或动作向人致意，向接受的对方表达心思。

打招呼不仅是一种礼貌行为，而且也需要健康的心态。然而，打招呼成了问题，对于我，过去是不曾想到的。

过去单位的办公室分散，从一楼到五楼层层有人。那时候要找谁，非得电话约好才成，否则，想轻易和谁碰上一面，抑或聊上几句，简直是奢望。后来，调整办公室，整个单位的人挤到了另一座小楼的一层楼里，一个个成了真正的抬头不见低头见的熟人。起初还觉新鲜，可渐渐的问题就来了，而且不容置否地横在了我的面前：这便是打招呼问题。

刚搬到一起时，不论和谁碰面我都一律地打招呼：您好！吃过了！或是点点头，拍拍肩。人熟往往和人俗画等号，这话不无道理。没过多久，果然就觉得与熟人打招呼的这些语言或动作成了一种俗气透顶的累赘，而且也不适应随时随地发生和变异着的情况。

与抬头不见低头见的人碰面还要不要打招呼，究竟该怎样招呼，一时弄得我竟不知如何是好了。

就拿见人问“您好”来说吧，这话和几天没见面，或者更长一段时间的人问一声还算得体，如果面对的是一天能见面几次、十几次、甚至更多次的同事，总是“您好”“您好”地问个没完，是够累的，而且也难免给人一种虚情假意敷衍人的感觉。诚然，对于一个比较看重他者存在的人来说，这等招呼用语，不会有太长的生命力，不久这“您好您好”的招呼声就从我嘴里消失了。

再说“吃过了”一句。所在单位的人，一天里也就是中午只吃一顿饭，如果总问人吃过了吃过了的，也没劲。吃过了，什么意思？没吃过，要请客呀，怎么着！有时也会给人误解。这话有时若问得不适时，不合地，那就更糟，经常弄得人很尴尬，不知如何回答才好。比如在厕所里相遇了，或是人家刚进或是刚出厕所，这时若上来就问：“吃过了！”这不是倒人胃口，成心给人难堪、损贱人吗，谁受得了！所以，当这样招呼过一些时日后，自觉没趣、没味，这话也被我抛进了垃圾堆里。

既然如此招呼不可行，我曾试图以动作来招呼，如逢人点点头，或是轻轻抚一下肩头什么的。但这样也有问题，例如抚肩头，一旦养成了习惯，收不住自己的这只臭手，那要是碰上个长者怎么办？要是碰上个异性怎么办？弄不好轻者人家会认为你不庄重、流气，重者说不定还会问你个性骚扰呢。显然，这肩头也是万万抚不得的。

抚肩头不行那就点点头吧。后来又发现，其实点头也大有不完善之处。比如你所遇见的人正和某某吵过、争过，抑或还正生着气，你和人家点了头，是庆幸他生气，鼓励他吵架，还是赞同他的观点、支持他的行为呢！会不会给人误解。再说，这点头的动作一旦让吵架的另一方瞧见，会不会也产生误解：好啊，你小子向他点头，什么意思，是成心和我作对呀咋的！假如这见怪的一方是个小肚鸡肠、有些头脸的“冒号”人物，那你就吃不了兜着走吧。

看来打招呼的确成了问题，成了缠缠绕绕的一种麻烦。怎么办？干脆，一不做，二不休，不招呼了。于是，我便把自己封闭起来：不再说打招呼的话，不再点打招呼的头，不再做打招呼的动作，而且尽量少出屋，少见人。可时间不长，有话就扔过来了：瞧那个张某某，牛牛的，怎么像个怪物？

瞧，做人多不容易，活得多累呀。

当官的朋友这样说

朋友走官运，连升两级，成了相当一级领导，我等竟浑然不知。当然，知道了就不会放过他。对，罚他请客。

家宴上，菜肴色形味，酒言伴吉语，诸友话题繁纷。其中，关于“你也当官了，如何对待周围那些前呼后拥者”的一番释解，笔者甚觉有趣，便记录整理下来，以供茶余品味。

当领导的朋友如是说——

饱汉不知饿汉饥，不在其位时真是难知其苦衷。我身边的确也有不少前呼后拥者，但确实也是由于“工作需要”。过去我也看不惯那些鞍前马后的人物，觉得他们狐假虎威的，没人格。所以，刚上任时，很不习惯一些在身边转来转去的人。可时间一长，就发觉不对劲了，还真离不了他们。否则，人家就会误以为你不信任他，你就眼不明，耳不聪，政难通，令难行。而且，官场错综复杂，弄不好，说不定哪一天你就会被挤兑到一边去。后来渐渐明白过来了，其实前呼后拥是他们的分内之事，为领导服务完全是一种职责要求。领导的意图、指令，只有通过他们才能得以传递实施。当然，对于一些人的素质、为人，包括品德，我还是心中有数的，谁谁几斤几两，谁谁怎么回事，都应知道个大概，不然，就会被弄昏头脑。在那些前呼后拥者中，我主要分成这样几种类型，并慎以待之。

一是崇拜服从型。毫不避讳地说，任何领导的身边都会有这样的人，他们对你或慕其才华、敬其人格，或恭其水平、从其能力，很尊重领导，对于这些人，领导者当然也要以其十分的尊重还之礼之，既不能伤害了他们，也不能使他们成为盲从者，必要时当以善言启迪之。

二是违心从众型。这类人，他们对总跟在领导屁股后转的人很是看不惯，有一种生发自内心深处的抵触。但缘于一时对上司尚不太了解，或碍于情面，或忧于一些总爱“前呼后拥”者的不良"动作"，也不得不违心地充当一个前呼后拥的人。对这些人，一定要理解他们，不能勉强他们做什么。时间长了，当他们知道了你是个可以信赖和拥戴的人的时候，会有自己"该当如何"的选择的。

三是敬而远之、默默耕耘型。这类人可以用千里马和老黄牛作比，他们中不乏真知灼见、有才华和有能力之人。这些人不善表演，不事张扬，脚踏实地，任劳任怨，往往和领导的个人关系并不密切，但却能尊重你，理解你，对你作出的任何一种决定，都会慎以待之，且有创造和发挥。无疑，这是优秀的领导者所依靠和信赖的一个主体，切勿冷落和疏远了他们。

四是溜须拍马、讨好型。这类人像苍蝇，哪里都有。他们会把病菌沾来传给你，也会把你的弱点、毛病传播开去；他们会迎合你的好恶，能八面玲珑，见风使舵，活脱脱一个和珅再现。当把你拍得溜得舒舒服服晕晕乎乎的时候，有些事就由不得你了。这类人本事不小，不能低估了其能量。对他们不但要防要避，而且要治。他们的所作所为，皆以个人得失为轴心，而很少考虑集体和群众的利益。需特别提醒的是，如果你赏识和重用了一个这样的人，往往就会失去一群那样的人。

听到这里，有朋友便拍手：看来你没有糊涂，进步理在其中。但愿天下再多些这种明明白白清清楚楚的官（似有拍马溜须之嫌）。

好！为了我等良善的心愿，来，干！众友一起举杯。

第四十九号摊主

第四十九号摊主，是一位卖旧书刊的个体小老板，他的摊位设在玉泉路花鸟鱼工艺品市场内，排序为四十九号。“第四十九号摊主”是我对他的命名。

这四十九号摊主是位年轻小伙子，满打满算也不过才二十四五岁。他说自己来自外省农村，进京后摆这摊子已经两年多了。

我初次见他时，天已黄昏。问他别人都收摊了，你怎么还摆着。“晚撤摊是我的经验。据我观察，一些上班族白天忙，顾不得来这里。晚饭后散步是他们的习惯，不少人常来这里观顾，我的书刊有不少就是在这个时间被他们买走的。”

“噢，你问我进货？是这样的。”这摊主见我也不像个做生意的，不会撬他的行，对我一点也不保留什么，侃侃而谈，甚至亮出了他的家底。

“货的来源主要有这样几种渠道，一是从街头收购废旧报刊人的手里买；二是去一些单位收购被清理掉的书籍；三是看哪里要拆迁搬家了，就赶紧去那里弄货，收获肯定小不了。说不定有时候还能买到一些像模像样的东西呢。有一次，我就收来一张‘文革’时期的旧报纸。开始我不知道，回来整理时才偶然发现，不过那张旧报纸已被人买走。有人说能卖几十块呢，我可没给人家要那么多。但从这张旧报纸我受到了启发，以后一旦发现了报刊的创刊号，我都留起来。”

“当然，也不是所有的旧报旧刊都值钱。其实现在有些省办的纯文学杂志发行量很少，有的每期才印一两千册（杂志不同书籍，它们是很难再版的），按照每年平均损失百分之十的概率计算，十年后，这些纯文学杂志就所剩无几了。从这个意义看，它们也有一定的保留收藏价值。所以，纯文学杂志现在收购到的很少，一旦发现，我总要把它们留一下。”

“总之，旧书刊的进货渠道很多。也有一部分是书店和印刷厂送来的，大都是压库或卖不出的剩余货。也有一些是作者自己的书，他们送来是让我代卖的。”说着，摊主还顺口点出几个作者名字。这些名字都很陌生，我一个也没记住。不过，我看见有些名家的书，包括一些曾经很畅销的书，在这书堆里也能找到它们占据的位置。

“至于效益嘛，”摊主接着讲：“还行。平均下来，每天能收入百元左右。如果是一元一册买进的书刊，一般情况下都能以一两倍、甚至更多的价钱卖出去。从数量看，当然是买进的多，卖出的少了。买主嘛，还是青少年多些，农民工也不少。也有些书刊是被第三、第四渠道上的人买走的，他们把这些旧书刊弄到外省农村或偏远的地区去卖，也能挣不少钱呢。”

小老板很实在，不像在显摆自己。临别我问他，在这卖书要办执照吗？他说不用，只要按规定及时交纳市场管理费就行了。

腐败不在官大小

官是什么？是政府机关经过任命的、一定等级的公职人员。由于他们每个人手中都掌控着或人或事，或财或物等一定的支配权，在这些环节上，一旦有个别意志薄弱者因贪婪而腐败，而腐朽，不但损害公职人员的整体形象，甚至影响整个权力链条的牢固。所以，党和国家把这些“官”作为反腐、防腐的重点，是完全必要的；广大人民群众的眼睛紧盯着这些“官”的行为，也无可非议。但前不久北京一家媒体的一则报道，使人们的目光也不得不移动一下位置了，即：反腐不能只盯着“官”。报道称：并没有执法权的个别交通协管员，却利用手中仅有的一点权力为自己谋取私利。比如对惹不起的“奔驰”“宝马”随意撤销罚单，对一般违章车辆只要车主肯送他一条香烟便可撤销罚单等。报道还说，北京市的交通协管员出现这种以权谋私的行为，绝不是个别现象。

交通协管员是近几年一些大城市出现的一种新职业。这些大城市由于车辆猛增，造成警力不足。交通协管员的出现对于缓解城市交通压力，维护交通秩序确也起到了一定作用。但他们的权力也只是“劝阻、告知交通安全违法行为”，并没有执法权，顶多是“站在权力身边”的人。就是一些“站在权力身边”的人，竟也“聪明”到了深入挖掘、广泛开发手中权力的地步，使好端端的协管变成了“邪管”。无疑，广大人民群众对此“邪管”行为是深恶痛绝的。然而，笔者这里想说的是，此等人为什么会无孔不入，竟把手中仅有的一点权力发挥、运用到了极致？是私欲的驱使，是管理的疏漏，是道德的缺失。这些都有道理。笔者还以为，一些人的素质不高，修养不够，则是导致“邪管”的最根本原因之一。

素质是什么？它不仅仅是一种学识积累、品质修养的综合，而且也是人活跃的意识抑或潜意识因时、因地、因人、因事喷发而出的一种不自觉行为。面对世界的种种诱惑，素质高的人，他会自设一道篱墙，不该伸出的手，绝对不伸；反之，则就难免要时常地“见缝插针”“见机行事”了。前些年，曾有过高薪可以养廉的说法。而对于高素质的人来说，即使低薪，也难以动摇他们廉政、勤政为民的坚定信念，比如人民的好儿子焦裕禄；对于一个低素质的人来说，即使给他一座金山，也难以满足他的贪婪之心，比如时下不断暴露的一些贪官。

话又说回来，像上边所说的如此见便宜就上的“邪管”之人，凭他们现有的那点素质，即使给个高位、高薪，他又能怎样，又能好到哪去呢！由此可见，各行各业加强自身的文化建设，提高中华民族的整体素质，依靠人的品性力量，自觉规范人的行为，的确是一件很重要的事情。

此小民心声，但愿上面的人能够听到。

“感谢”腐败

腐败是社会肌体上的毒瘤，腐败是过街老鼠人人喊打。敢问小子有几个胆，竟言“感谢腐败”？

看官勿急，且听我慢慢道来，若无二三理由，再棒责不迟。

当然，在下作为业余文人，自然要从做文的受益说起了。

曾记得为文之初，我小说诗歌散文皆尝试过，除诗歌有点小小收获，其余皆颗粒不见。于是我便认定，自己这一生只能与诗为伍了。因为诗能补拙，我正是那种拙笨之人呀。

然而谁能想到，促使我转换文体的竟是缘于一则电视新闻：1999年12月下旬的一天晚上，中央电视台在《新闻联播》节目里说，江西省原副省长胡长清因受贿被开除党籍，并移交司法机关处理。

在此之前，我还只是听说上层领导也有腐败现象，也知道对一些腐败的地市级干部作过很严厉的处罚，如泰安的胡建学等人。但像胡长清这么大的官，受贿数百万，真的还是第一次听说。当时，我被震惊了：原来党内真的是有大老虎呀！那夜我躺在床上，几个问题就像小虫似的在脑子里出出进进地钻来爬去，闹得我几乎一夜没睡。我这样想着：党动真格的了！我们党前途光明！但同时又想：这么大的官，这么大的事，作案又这么久，难道没露出过一点蛛丝马迹？当初那些负责监管的专门机构、专门人员都管什么去了！他周围的人，他的那些上级们又做什么去了？难道一点都没有察觉！为什么直到造成如此的坏影响了，才动手解决呢！于是便起床，便操笔。一篇随笔《只缘有贪官，国人才忧天》毫不费力地就落在了稿纸上。也许由于这篇稿子的及时性吧，在半个月的时间里，竟先后被三家媒体刊用。

的确，在此之前，我连一篇像样的杂文随笔都没有写过。正是从那一次偶然为之的成功后，我对杂文、随笔才颇感兴趣起来，以后所出手的一些小文才不断受到一些报刊的青睐，或被一些文摘类报刊转载。所以，从我发现了自己这一角度看，说“感谢”腐败，算是有些理由吧。

当然，如果就因为这一件事情而“感谢”腐败，还未免给人追风尚、赶时髦之嫌。而真正令我该“感谢”的，还是后来发生在我身边有些人的一些不地道行为。

有一次，我去一家企业采访。临走，老总问我：在你们那发一篇稿子个人要多少钱？我愣了，怎么会要钱呢！当时，看那位老总半信半疑的样子，我也没再多说什么。

后来，写的稿子发表了，企业很满意；再后来，时间一长，彼此熟悉了，老总才向我讲述了发生在我去他们那里采访之前的一件事情。

原来，在我到这家企业之前，有一自称某报社“第四把手”的人物曾去采访过他们。这家企业是很看重媒体作用的，见记者来了，而且是个重量级人物，很是把他当回事地迎接、招待了一番。没想到那位“第四把手”胃口太大了，并不满足这点小招小待，又以到该企业驻外地办事处采访为由，顺便带上自己的老婆，去上海，下青岛，天上飞，水里游，住高级店，吃高级饭，一下子就花了人家两万元之多。

见此，老总犯嘀咕了：这人怎么像只饥饿的老虎，胃口太大了！是不是所有报社的人都这样啊！从此，这家企业就很怕有媒体的人来，不到万不得已，是不愿请记者“光临”的。

这件事对我的触动也不小，使我一下子看清了一个用正人君子的面皮包装着的十分龌龊的灵魂。感谢正人君子送来的灵感。就这样，再联系胡长清被处决的新闻事实，一篇《杀“鸡”“猴”没看》的杂文又“出笼”了。此文先后被几家报纸相中。而后，还以繁体字的模样，在《澳门月刊》上像模像样地走了一遭呢。

尔后，在接下来的日子里，之所以再三再四地“感谢”腐败，的确也是缘于被我周围的个别冒号人物所做的一些肮脏事而触动。正直的人，良心尚存的人，谁还沉默的下去！

大概是受此心境的驱使吧，我的一系列杂文、随笔亦随之相继产生：《跑官者说》《贪官求升三窍》《准贪犯》《点击腐败》《贪官预报》《当官的朋友这样说》，等等，这些文章不但在一些报刊很快发表，而且还被一些专刊选载，被一些高层次的读书网站转帖，有的还获了奖。

通过一个阶段反腐文章的写作练习，现在我已较为熟悉地掌握了一些杂文、随笔的写作要领和技巧。时下，一旦遇到了什么受震动的事，只要肯动笔，很快就能草就一篇短文，尽管那文离“精美”二字尚远。另外，由于腐败现象的存在，不但深化了我对“问题”的思考程度，从而创作了一些受到读者喜欢的杂文、随笔，同时也大大丰富了我对诗歌题材和意境的认识与开拓，一些反腐败诗歌也相继产生，有不少已在报纸、杂志露面，有的还被转载。

说到这些，怎能不让我“感谢”腐败呢！

腐败不除，我的文章就不会消失。您生气也不顶用。

顾　问

初秋时节。北京某居民小区内，一家取名“湘韵”的湘菜馆开张了。开业那天，檐下红灯高悬，门前花篮锦簇。应邀参加开业典礼的各方人士，或西装革履，或裙裾婀娜。主人含笑奉迎，客人颔首恭祝，场面好不热闹。

这是一家由江西闯京城来的钱氏姐妹以年租金二十万元包租下的菜馆。开业头一个月，生意红红火火，回头客比比皆是。姐妹俩真是喜出望外。

一天晚上七点多钟，菜馆里走进六个年轻的陌生男人，钱老板见生意来了，赶忙上前笑脸相迎。这六人也不客气，指一单间便入。点酒，喊菜，卡拉OK。叮叮当当，六男子一阵狂欢之后，欲起身走人。那天，正好是钱氏大姐当班，见客人要去，便持单上前结账。六男子中一满脸醉气的人讲：今天哥儿们都没带钱，先赊着，下次再来时一起付。钱氏大姐赶紧堆笑申明：我们是小本经营，望几位大哥体谅，成全我们的生意。要成全生意吗？这好办。明天晚上你准备三十人的饭菜，我多带些弟兄来一起乐和乐和。说着，抬腿便走。钱氏大姐哪里肯依，箭步上前拦住，非要他们付了这四百多元的账才许走。

好不懂事！怎么？打听打听，谁敢挡爷的道。好说好商量，今天让我们好好去了，明天三十人的饭菜酒钱照付，一分不少。否则就别怪我等不客气，非砸你个稀巴烂不可。说话间，另外五男子已个个握拳竖目，怒容而立，一副要打斗的样子。钱氏大姐和几名刚招雇来的服务小姐，哪里见过这阵势，又见夜色已深，生怕吃了大亏，只好由他们去了。

这事看来很严重，如果明天他们真的弄上三十个人来，穷吃猛喝一顿，硬是不付账，弄不好再打起来，把菜馆砸了，如何是好。对了，开业那天不是有派出所的人来吗，找他们去。

值班民警解释，他们是赊账，没说不付钱，只是嘴里说砸，毕竟没有动手，似这类没有酿成事实的酒话，派出所是无法出面管的，还是明天看看再说吧。

钱氏姐妹睡不着觉了，她们反复琢磨着明天如何应付这帮人的胡闹。正苦于无甚良策之时，电话铃响了。电话里是一个女人的声音，声称是小区里的居民，听说了她们被欺负的事，很同情，也很担心。还嘱咐，这些游手好闲之人，是什么事都能干得出来的，要当心。并告诉钱氏姐妹可去找一个人，也许他能帮助。

第二天一早，钱氏姐妹如约前往，很顺利地就找到了那位大哥。

大哥大个大头大脸大眼，说话声音也大，总之是一位颇具规模的男人。当闻知事由后，哈哈一笑，说你们只管放心好了，我去找他们摆平，中午就让他们把欠款送去，而且一分也不能少。

钱氏姐妹像吃了定心丸，又放心地开她们的菜馆去了。

这位大哥真行。我们何不聘他做顾问。当钱氏姐妹接过滋事者送还的全部欠款后，几乎同时说出了这句话。不久，这家名为“湘韵”的菜馆里，就经常出入着一个手持大哥大，鼻梁上架一副墨镜的男人。他大个头，大脸盘，大眼睛，很少说话，但一说话那声音就直往地上砸。他就是那位才上任不久的湘菜馆顾问，每月佣金为一千五百元。

有人对此事曾经进行过一番分析和推敲，结论不敢说正确，仅供参考：那六个陌生的年轻人，加上及时打电话的女人，再加上“顾问”大哥，其实他们都是一伙人，是做好了套子让钱氏姐妹钻的。也许，钱氏姐妹已经省悟，早已识破了他们。但识破了又能怎样，毕竟，这顾问大哥的确已保她们的生意半年多没有再受到过骚扰了。

2000.2.18

关于诗的辩白

正如苦苦地追寻诗神缪斯而难得一见却又痴心不改一样，至今我依然顽固地认为：分行排列的文字不等于诗，名词概念的堆砌不等于诗，无病呻吟的“哇哇啊啊”依然不等于诗！……

诗是什么？

诗言志。但这并非要人去图解政治，移植口号，照搬生活，说教人生。诗言情。但也并非要人扯破嗓子去喊那虚虚飘飘的豪言壮语，抑或洒几粒哭哭啼啼的缠绵泪滴。

诗，是文学的最早和最高形式。对此，似乎已经没有了争议。诗，是多元的复合体，企图用一两句话、一两篇文章去解读它，那是天真和幼稚；企图以庸俗、简单的方式去对待它，更是对诗的一种亵渎。

诗，究竟是什么？

有人说，对于男人，它是拽着七彩裙裾飘然而至的“魔女”；对于女人，它是刚健雄壮风流倜傥的“魔男”。那诱惑，曾经使多少人为之倾迷。它以出奇的意境、情境，使人的眼睛像在碧波里发现一朵婷艳的红莲，不禁惊讶于这艺术王国的美；又有人说，它以淳厚的真情使人的心灵像被弹拨的琴弦，不由沉湎于情绪的跳跃；还有人说，它以独到的见识，使人的认识在夜的原野忽见远方一烛跳跃的火焰……诗就是这样，它以自己特有的魅力，“把人的眼睛弄亮，把人的想象激活，把人的情绪激动，把人的心灵点燃”……

这些话，出自诗论家阿红先生之口。他的话，我信。

前些年老诗人阿红曾对我谈诗。他讲了这样一个故事：在纽约的一个寒冬里，有位盲丐胸挂字牌，上书“自幼失明”，沿街乞讨。过往行人视而不见，肯施舍者寥寥无几。有位诗人给盲丐的字牌换了句话，于是许多人便慷慨解囊。盲丐问诗人写的什么话，诗人说：“春天要来了，可我不能见到它！”

这话的区别在于“自幼失明”，是说明眼睛失明和失明的时间；“春天要来了，可我不能见到它”，说的是失明人的痛苦心灵。于是，它便拨动了人们心灵的共鸣之弦。

这里，诗人只用了一句话，很凝练，堪称以少胜多，以一当十。假如它呈示给人们的是曾被一位伟人斥责过的懒婆娘的那条“裹脚布”，其感染力还会是这个样子吗？

诗，毕竟不是散文，不是小说，更不同于新闻报道。诗就是诗，它需要凝练，因凝练而需要含蓄（并非晦涩）。为人贵直，为文贵曲。古人论诗曰："直说易尽，婉道无穷。"含蓄是诗特有的艺术手法，含蓄是待放的花蕾，可使人产生由此及彼的联想，可留下空白供人想象。因为，任何一件作品都是读者与作者共同创作完成的。

作为文学最高形式的诗，就其表现手法而言，不只是要凝练、含蓄，还有很多很多，比如构思，比如角度，比如形象思维，比如意象空间的营造……同时诗也需要包装——需要语言的美。还是阿红先生说得好，正如一个人要去会客，需要修修边幅一样。因此，锤炼诗句也是为诗之道。很难设想，一个连语言都没有过关的人，会写出什么像样的诗来。

诗一旦发表，就属于社会，切莫把它当成私产儿戏之。因此，用分行体"言志"或"言情"的诗人和写诗的人们，理应经常拍拍脑门，想想该如何对待自己的每一个已经出世或即将出世的"宝宝"。

诗，不仅是悬挂在人类脸颊上的一颗泪珠；诗，不仅是建筑在心灵深处的那间小屋……

秽手弄风云　闻者当从容

中国人太多了，多得使许多地方人浮于事。人浮于事的人闲得无聊，便拿来周围的人和事拼命咀嚼品玩。这倒也不失为解闷儿用以驱逐寂寞的办法。想想看吧，你所在的那个处所，无论是男是女是人是妖，有谁不被咀嚼了个七上八下、九进九出呢？

被咀嚼品玩者为何者人也？

首先，那些做事多，抑或做出点成绩的人，常常会首当其冲地成为一些人口中的品玩物。

一个人来世一遭，总要做点事情，如果能留下点什么则更好。做不成事的人会被人瞧不起，说你是窝囊废一个。而做成了事，抑或做出了名堂的人就风平浪静了吗？回答仍然是否。如果你是一个男人，靠你的智慧，才能，加上勤奋和努力做出了成绩，在受到一些羡慕的同时，往往也招来一些意外的麻烦。庸者以世俗的偏见度人，认为你离他太远，便以浅薄的心态诅咒你；妒者以狭隘的目光审视人，以为你一定得到了“天”的什么厚爱，便挑剔地求全责备你；仇者以鬼祟的心思窥测人，便以你的成功堪称是他的失败的懊恼情绪寻衅于你……因为，嘴是扁的，舌是软的，话是转的。以是非混淆、黑白颠倒的手法扼杀人并不鲜见。然而，如果你是一个女人，一旦做出了成绩，那就更不得了啦，简直比掘了一些人的祖坟还要命。他们用谣言惑你，以恶语伤你，直至把你包装成一个做“肉体”生意的下流胚子而后快！

其次是男女之间的交往和他人隐私，更容易成为一些人津津乐道的谈资。

许是孔夫子“男女授受不亲”的腐朽文化太顽固了吧，直到今天，它依然幽灵般统治着一些人的意识（包括潜意识、下意识、有意识和无意识）。比如她和他多说了几句话，他和她在一起多呆了会儿，如果不招至猜测和非议，那简直会成为奇迹。假如有哪个男女异性间胆敢有点什么心灵的沟通或共鸣，有谁的家庭真的破裂不睦，那更是捅了大马蜂窝。那群嗡嗡嗡的飞行物们，不把你蜇个鼻青脸肿人模狗样才怪呢！如此种种。难怪国人常常情不自禁地要发出一声怨叹：“唉！活得真是太累了。”

无根无据，或捕风捉影地制造污言秽语，随意咀嚼品玩他人，可谓人格、品位低下的一种折射，其固然是一种不道德的行为，似应在人们的唾弃之中。但嘴巴是人家的，舌头长在人家嘴里，谁又能管得住那随时随地的指指戳戳、说三道四呢？的确，他们在背后随意往你身上吐口痰就够你恶心半天的，对此可谓既无可奈何，又防不胜防。依我看，既然防不胜防就不如干脆不防，照智者说的去做，走自己的路，让别人说去吧。否则，那个怎么做都不如人意的爷孙俩《抬驴》的故事，算你白听了。

即使此小文，也许一些人看了会感觉不舒服，说不定也要弄出个什么说道来摁在言者身上呢。人心炎凉，无孽不有，由人家说去好了。相信被唾沫淹死者，是不敢腾涛踏浪的人；被手指戳断脊梁骨的，只是那些软骨病患者而已。

开发人生

常言道，人生两件宝，双手与大脑。照此推理，开发人生，就是说一个人要充分发挥其手与脑的作用，勤奋工作，努力学习，增长智慧，不断进取，在有限的生命期间，使人生这个光点明亮些，再明亮些，甚至光耀人间。

开发人生，是生存着和生活着的人所应有的一种素质或品格。肯开发者，则灵、则进、则常新；反之，则僵、则退、则腐朽。纵观古今，横论天下，有多少仁人志士，他们正是由于积极进行人生资源的自我开发，或因发现大自然的奥妙而不朽，或因探究出社会的真谛而伟大……因而也才为人类的进步，做出了卓越的贡献，甚至成为彪炳千秋的人杰。

当然，如此“开发人生”的说法，其实也并非要人们都必须开发出大智慧、大成就，进而成为大人物才算做贡献。人们所熟悉的当代英模雷锋、徐虎、李素丽等人，他们正是在那些平常得人人都能举手做到而很多人却不愿去做的点点滴滴的小事上，开发出了人生的崇高，从而赢得了人们的喜爱和尊敬。

开发人生，就是一种生命的投入。那投入，可能会有所收获，也可能会一无所得。因为，人生之路从来就没有平坦可言，自古就有成功的英雄与失败的英雄之说。即使没有成果回报，只要去开发了，那也乐在其中。因为，结果是凝固的，冷寂的，只有过程才鲜活，才生动，才充满魅力。

人生是一道矿脉，那里蕴藏着丰富和美好。

勇敢地开发人生吧，那是于无声处触响的春雷，虽然辛劳却充满种植的快乐和丰收的希望；辛劳地开发人生吧，那里有滋补心灵和健康灵魂的千般滋味……

真诚地去开发人生吧。开发是一幅美丽的画，开发是一支动听的歌，开发是一首激昂的诗……

面 子

面子不完全等同于脸皮。面子要请心理学解读，脸皮需求生理学释义。面子是社会生活的派生物，脸皮是附着在生命体上的保护膜。

面子不是尊严。面子是小打小闹、无奈之举的宠儿；尊严是大将气魄、大家风范的外化。

面子是人生的重要章节。这章节并非可有可无，它既可独立存在，也能承上启下，就像一棵树不能没有皮。

面子是一种价值，面子有时候无价，有时候却一钱不值。面子与人生奋斗的经历和程度关联。所以，有的人才有面子或很有面子；有的人就没有面子或小有面子。

面子是一张纸，一捅就破。不肯捅破它的人，常被面子所误；敢于捅破它的人，常被面子所伤。

面子是一张网。活蹦乱跳的思想，节节盛长的智慧，诱人向往的兴趣，一旦被面子笼罩住，就会变得无可奈何。

“死要面子活受罪”。古往今来曾有几多人被面子所囚。

面子是一根会攀附、能变形的藤，很难判定它的长度就是它的高度。

面子是人际关系中的软组织，它虽有连结与缓冲的功能，却不是拉动人类社会前进的主件。

面子是一片叶，能遮住人的眼睛；面子是一把匕首，可刺痛人的心灵。

面子是一根无形的指挥棒，它能使人们在不知不觉中跟着一种感觉走，甚至走进深渊。

面子是一部书，很丰厚，一时半会读不完；面子是一件物，很珍贵，常被藏在密室。读懂了这书、发现了那物的人，就著书立说名曰：《厚黑学》。

面子有一副生就的奴才相。敢于利用面子的人，常步步得势；不懂操作面子的人，则四面楚歌。

面子是一张牌；面子是一种时尚；面子会被物化；面子会被扭曲；面子在有些人面前痛苦挣扎；面子在有些人面前生存得潇洒……

不知道是否真的有“面子学”这部书已经出版，或者将要出版！

“名嘴”析

三百六十行，行行出状元。市场经济需要，名牌潮水汹涌。名品名店名人名星，每天不名出个一两簸箕，那简直就叫做稀奇。面对如此大好环境，那些颇能发挥嘴唇、牙齿、舌头三方密切合作之功能，且有辉煌成就者，不妨奖他一个“名嘴”又如何！

名嘴者，则勇于革新创造，善于挖潜利用，嘴巴之作用，可谓达到极致也。

先说巧嘴。舌头软软的，嘴唇扁扁的。舌一拐一个弯，足够你绕半天；唇一碰一个响，让你神倒魂也颠。要听亮的，它有喇叭；要听柔的，它弄弦音；要听娇的，它能洞箫；要听乐的，它弄竖琴……应有尽有，保准变着法儿的让你满足心理需要。

再看油嘴。说话油滑，善于狡辩。多与油腔滑调匹配，常跟圆滑世故联姻。实为狡诈虚伪的阴暗心理折射出的一种晦光。面对具备此类嘴巴之功能者，一定要看管好自己的灵魂，且莫被它涂污了自己。

请听贫嘴。如麻雀叫，似青蛙吵。整天价闹闹嚷嚷，下不着地，上不着天，使听者厌，令闻者烦。听它絮叨，简直是在让耳朵受苦受难。此类嘴的生成，多与浅薄和无知相伴。本是胸无城府，心无底蕴，最多算个半瓶醋，却又自以为了得，硬要处处显摆自己如何见多识广、才高语壮。于是便打肿脸充胖子，一旦从谁的牙缝里弄到一个带着口臭的词儿之后，便如获至宝，迫不及待地（贫起来不带半个标点）四处卖弄。“贫”，则是咀嚼那词儿时发出的一种噪音。

莫忘臭嘴。像是才含过臭鱼，抑或刚走出厕所。满嘴臭，浑身臭。张嘴他妈，闭嘴他娘。然而奇怪的是，拥有此种臭嘴的人，竟也有不少与之接吻者、合作者。像苍蝇投奔垃圾，它们臭嘴相惜，臭味相投，臭话满嘴，脏话连篇。哪里有它们，哪里就弥漫一种被污染了的空气。

还有快嘴。快嘴亦像喇叭嘴。这种嘴，以事事“早知道”自居、自乐、自慰，从嘴巴到耳朵，传播速度之快，散布面积之广，常令人惊讶得简直不可想象。他们闲言乱语随时抛，是是非非满地撒。常常好端端一个人，好端端一件事，被这不负责任的快嘴一抛一撒，直弄得里里外外都不是。实乃成事不足、败事有余一类也。

以上所列“名嘴”，仅为一斑。若肯放眼打量一下周围，又何止于此呢！比如那专门靠挠土觅食的“鸡刨嘴”，那大话弥天的“牛皮嘴”，等等。

人，作为万物之灵长，自打离开生命之门那刻起，就面临生存与存在两大人生基本课题。生存依赖于物质的滋养，存在是一种人生价值。所以，吃饱喝足之后，求功求名本属人的一种正常心理需要，也能被当代社会所容纳，可一旦成为如此“名嘴”，岂不惨了一点！

莫把银针当匕首

一身傲骨的鲁迅，当时所处的社会环境十分险恶。他曾说，自己之所以活着，一是为了敌人，一是为了爱人。

横眉冷对千夫指，俯首甘为孺子牛，这正是鲁迅一生的追求。为拯救挣扎于水深火热中的中国人民，他以笔为武器，把出手的“小品文”磨砺得如“匕首”，似“投枪”，并期望“能和读者一同杀出一条生存的血路”。因而，鲁迅先生在得到广大劳动人民尊敬和爱戴的同时，也必不可免地受到了黑暗势力的疯狂嫉恨。他们或通缉鲁迅，或企图暗算于他。然而，鲁迅的骨头是硬的。敢于赴汤蹈火的鲁迅，在卑鄙的恐吓面前更显出英雄本色，连出门都不带钥匙，以示他不归之志。

反动势力之所以如此惧怕和仇视鲁迅，正是因为鲁迅的“匕首”和“投枪”实在锋利无比，无不刺中了他们的要害之处。

在社会主义改革开放的今天，面对大量的人民内部矛盾，我们仍然需要当年曾经被鲁迅先生使用过的“小品文”（时下已被人们叫作杂文或随笔），以此来揭露和抨击现实生活中的假恶丑现象，同时亦引导人们不断去攀登精神生活的高峰。但这种“小品文”已不再是掷向敌人的“匕首”和“投枪”，而必须是针刺肌体穴位治病救人的银针才是。从当前各类报刊上发表的大量的“小品文”来看，应当说基本都属于善意的言论。

然而，既然是银针刺穴，那么被刺者就免不了会有疼麻酸胀的感觉。于是，有些被刺者就觉得不舒服了，就责怪甚至责难起那些行针者了。更有甚者，有的人重又操起了“对号入座”那套。不过其“对号入座”的目的并非要引以为戒，而是别有他图。前不久听一位朋友诉苦说，他最近的日子很不好过，原因便起自某报因发表了他的一篇杂文，单位里某个有些头脸的人物就自己对号入座起来，认为文章是针对了自己，至少也是影射等等。但这种气恼往往又不好公开朝人发泄，就用“地道战”的方式对待他，暗地里加减乘除地算计他，直弄得人无所适从，不知如何是好。

为此，我曾劝解朋友，既然你是出于善意和公心，是就某种普遍存在的社会现象而言，就不必担心你会被怎么样。假如他们真的给你穿了“小鞋”，或者紧了“鞋带”，那也不用害怕。多行不义必自毙，小洞不补，大洞吃苦。这种人常常躲得了初一，躲不过十五，早晚有一天是要栽跟头的，而且事实已比比皆是。当然，我也要对那些自愿对号入座者进一言：能引以为戒，是一种美德；能有则改之，是高尚情操。而图谋报复，则是可耻行径，已被当代社会的正气和公众舆论所不齿。

人才断想

人才是出岸之堆，是秀林之木。

纵论历史，横观天下，凡有识有为之士，无不把选贤用能（即人才）作为其成就事业的一大要道！

人才是金子，寻找人才需沙里淘金；人才是宝石，得到人才要深山探宝；人才是美玉，识别人才要去伪存真。所以，人才并非满街筒子的萝卜白菜，到处都是。那些自我标榜如何“人才”的人，不一定有真才。因为，才真者从来不好鼓噪。

千军易得，一将难求。我们的古人早就悟到人才的珍稀。

宁吃鲜桃一口，不食烂杏一筐。善于从生活中提取幽默的当代人亦如是说。

因为，深谙事理的人们懂得，在这充满激烈竞争和生死较量的世界上，实质上是人才的竞争和较量，是人才的素质和能力的竞争和较量。

人才是报春的花蕾，人才是寥落的晨星，人才是人类的精华。

与其说事在人为，莫如说事在能人所为。亘古达今，人类文明史上的那许多辉煌与灿烂，有哪一处不是彼时彼刻的能人所为？

爱才、识才、惜才、用才，这是人才生长的土壤、条件，同时亦叠印着用人之道的曲折。

昏聩平庸者不爱才。因为他们满足于既得利益，不思进取，什么人才庸才，在他们看来，统统不过是一群吃饭睡觉说话走路的肉体而已。这便是许多人才常被埋没的实质所在之一。

层次浅俗的人不识才。因为他们缺少识才的本领，甚至会把黄铜当成金字，把珍珠视为鱼目。这也是有人常把妖魔鬼怪错当人才用之的原因之一。

无使命感、无责任心的人不惜才。这样的人是败家子，在他们看来，人才可有可无，简直多余，有它是负担，没有倒轻松。致使不少人才被抛弃，甚至会有良才者阶下囚、平庸者座上客的怪事发生。

唯有用才，是忧国忧民、大睿大智者们的一种美德。他们把发现人才看作自己对社会的义不容辞的责任，所以，小荷才露尖尖角，便有蜻蜓占上头；他们视任用人才为自己对人类进步和发展的莫大贡献，所以，才能不拘一格降人才……

物以类聚，人以群分。鱼找鱼，虾找虾。不错，发现和任用人才的确需要一种境界。那种一刀切，用一种模式去尺度、剪裁“所有”的做法，无疑是对人才的亵渎和浪费，是对人们美好心灵的摧残或折杀……

珍惜人才吧。人才是社会的财富，是民族的瑰宝，切不可把他们顺手遗弃，随处乱抛……

如果说人类的发展和进步事业是一支进行曲，任用人才可谓是这乐曲中的一个个音符。每一个音符都被安排得很合适吗？每一个音符都是不可或缺的人才吗？回答是：否！正如光明的太阳下必定产生阴影，在人们以十二分的虔诚和认真对待人才的时候，一些假冒伪劣货色便也乘机而入。他们或靠自荐，或靠张扬，或靠了上层图谱中某些要员那么“亲”了一下，便把自己打扮成了“人才”的模样。对于这种人，切不可掉以轻心。

这是一种什么样的人呢？

他们言过其实，为所欲为；思想僵化，昏聩平庸；拉圈结团，嫉贤妒能；吹牛扯谎，好大喜功；巧舌如簧，阳奉阴违；要官要利，厚颜无耻；贪婪自私，急功近利；刚愎自用，自命不凡；文过饰非，推卸责任；欺软怕硬，拍马溜须；不主公道，是非不明；胸无大志，鼠目寸光……

这样的人决非人才，切勿让他们扰乱了我们的阵脚。少用一个这样的人，我们的事业就会蓬勃、发展一步。

杀“鸡”“猴”没看

腐败分子胡长清被处决了，这充分表明了党中央反腐败的决心。胡长清罪有应得，死有余辜。这些天，人们一直在街谈巷议。更有喜爱幽默者言：这胡某不愧是“大师级”的，就是死，也没有忘记再消耗掉一颗人民的子弹。

其实，这颗子弹本不应该再浪费的，因为在胡长清之前，已经有不少相当一级的干部早就挨过枪子了。当初之所以要杀那些人，其中就暗含了“杀一儆百”的动机在内。这“杀一儆百”，也就是被老百姓说俗了的“杀鸡给猴看”。其目的是想通过惩罚一个不守规矩、犯有罪行的“鸡”，来警告那些不知天高地厚的“猴”们：别太胆大妄为了，别太肆无忌惮了，瞧见了吗，若再一意孤行下去，“鸡”的下场，便是你等的下场。当然，这其中也不排除有教育和挽救多数犯有过错者的善意在内。

可惜，这番好心肠“猴”们并不领情，他们依然我行我素，在腐败的道路上越滑越远，直到自己也成了被杀的“鸡”

才算罢休。

杀一不能儆百，缘由固然很多，但我想，这与杀“鸡”“猴”没看，不能说没有关系。生命只有一次，被杀是一种很痛苦的心理摧残，也是很悲惨的生命结局。“猴”们为什么不看，难道他们没长眼睛？

眼睛是长了，只是他们的视点从未落在被杀的“鸡”上，而瞄准的始终都是别的地方。因为那个地方的景色比看杀“鸡”更好玩，磁力也更强大，早已牢牢地粘住了“猴”们的目光，要想让其视线挪动一下位置，的确也难。

那么这些“猴”们的眼睛究竟专往哪些地方看了呢？据有关“眼科专家”的研究发现，主要有以下这样几个去处：

一是眼睛盯着上面看。上面是大树，只要靠上去，那荫凉便会自然降落；上面是保险箱，只要钻进去，就会很安全；上面是保护伞，别说下雨，就是下冰雹也砸不着；上面是玩多米诺骨牌游戏的高手，懂得一荣俱荣，一伤俱伤的理儿，什么事上面都会为你开脱，替你顶着（也许，这只是“猴”的一厢情愿）。一句话，既然看上面比看杀“鸡”有益，谁还肯再低下头看杀“鸡”呢？

二是目光绕着金钱转。有钱能使鬼推磨，钱能通神。神能呼风唤雨。要吹哪它就吹哪，想浇谁它就浇谁。这些，没钱行吗？看杀“鸡”能看得来吗？“鸡”就是“鸡”，又呆又傻，不搞伪装，不会来事，不弄权术，不玩高雅，这样的蠢货，留之何用，不杀它杀谁。而“猴”们则不同。“猴”很能耐（贪得无厌之能），“猴”很能干（专为自己和有用之人而干）。所以，看一个该杀的“鸡”挨宰，岂不跌了咱“猴”们的份儿。

三是没撞南墙不肯看。不肯看杀“鸡”的“猴”们，自恃高明了得，而且正贪得称心，拿得顺手，自以为天不知地也不知，所以才那么有恃无恐。“猴”们心里得意，眼睛便也闭了起来，你杀你的“鸡”，我行我的贪，外边的一切我都不想看见。逮住了，自认倒霉；逮不住，我就大发特发，就是人五人六的人物。正值贪的热乎劲上，看那杀“鸡”，岂不倒咱胃口，挫伤了积极性。这时候，别说是杀“鸡”，就是杀牛杀马杀驴杀象，也不会引起咱“猴”们的兴趣。

看官勿笑，以上所言，别以为是酒足饭饱后的贫话，更不要说这是疯人狂语，如果你肯细察周围，这类“猴”的影子并不少见。

前不久，一位企业领导就对笔者说起过一事。说经人中介，某某某曾经去过他们那里，是个“第四把手”（是自封的）。这是个不小的官了，企业哪敢怠慢，好吃好喝地侍候不说，接着这“第四把手”又带上自己的老婆，南下北上，天上飞，水里游，住高级房，吃高级饭，此人很能摆谱，几天时间就花去了企业两万多元。其实，企业所需办的，只是芝麻粒大的事，而且也在其工作分内。

的确，有些“猴”就是这样的没有教养，缺少德性，不知道法有多重，律有多严，自以为是独往独来的行空天马，他们闹天宫，闹地宫，也闹人宫（天下若有不宁，就是这“猴”们闹的）。善良的人们切莫低估了他们的能量，必要时，就得像杀胡长清一样地杀“猴”给“猴”看，方能奏效。

孙悟空画的圈

在《西游记》里，每当孙悟空前往探路或外出化斋离开唐僧的时候，临行前常常要在他周围画一个圈，并再三嘱咐，千万不要走出这圈圈，否则妖怪们就会加害于他。

这个圈，是一道保护墙，唐僧只要肯留在圈内，不离开它，就会安然无恙。然而，生性愚惘的唐僧有时候竟忘记了悟空的这番好意，甚至不相信这话是真的。于是，在妖怪们的引诱或蒙骗下，唐僧便不知不觉中离开了这个圈圈，结果，直弄得他几番大祸临头，险些丢了性命，误了取经大事。

由此，笔者便想到了人们为拒腐防变，加强廉政建设，也曾制定的一系列“规定”。这些“规定”，就酷似孙悟空画的那个圈，确实具有保护和防范的功能。事实证明，领导干部们凡照着做了，没出那个圈圈的，任妖魔鬼怪般的金钱、享乐多么的具有诱惑力，都难于动他们。因而，这不但确保了个人安全，而且也保证了整个国家和民族向大目标的前进。正是依靠了这样一批不肯出“圈”的人，国家的建设事业才能一步步不断地前进着，尽管这行进的脚步是多么的艰难。

然而，在领导干部队伍中，的确也有一些酷似唐僧（真是抬举了他们）的人，他们无视这些“规定”的善意和力量，不肯安于“圈”内，企图迈出去潇洒地走走，结果，直弄了个钱妖缠身，物怪攻心，一个个不能自拔，甚至丢了小命。

古人云，没有规矩不成方圆。有了规矩，如果不肯去循它并用以约束自己，这方圆又何益有哉！

贪官求升三窍

史有三国鼎立，曲有阳关三叠；日有三时早中晚，事有三段前中后；三三见九，可达九九归一；三人为众，可见众志成城。

所以，这三的数字切莫等闲视之。

三脚架可形成牢固支点，三江水能汇作汹涌海涛。贪官们深谙这三字要义，所以也创立了求升三窍。

一窍曰：会靠。

靠背景。背景是一种实力，背景是一个支点。以背景为荣，以背景为本，是为官者求升的一大捷径。

大树底下好乘凉，这理儿都懂。身后有了这基础，风吹不怕，浪打不惧。朝里有人好做官吗！有此背景不靠，是傻瓜，过期作废咋办？所以，才毫无顾忌地只管一路靠将上去。没有背景又咋办？梦里寻他千百度，那就一路寻将下去。从祖坟里刨，从深井里淘。管他是干亲湿故老友旧邻，还是八竿子打不着的三叔二大爷，反正沾边就赖，只要你能作为背景就成。

靠关系。收心腹，垒山头，拉选票。或以诺言诱之，或以小惠降之。把有奶就叫娘、见利忘义者，一个个收拢麾下，为我所用。

靠拍马。谁是自己命运的主宰者，贪官看得清；该何时拍，贪官把得住；该如何拍，贪官行得妙。所以，人们无须操心，只看那结局，常常要大大出乎你我之所料。

靠送礼。被拍上的人，要啥送啥，缺啥给啥。拿人家的手短，吃人家的嘴软。有钱能使鬼推磨，这天下哪还有办不成的事儿。不过这钱这物，又有几个是出自奉送者自家的腰包呢？不贪不占，又去靠甚？据报载，有贪官曾经这样抱怨。

二窍曰：会演。

读昨日史，思今日事，贪官们大都是混迹于世的官场演员。他们心无真心，气无真气，话无真话，行无真行，视一切皆人生之游戏也。

他们的脸，会因人因时因事而多变。可扮低三下四的奴才相，可饰颇近人缘的讨好样，可演凶神恶煞的虎狼状。完全是一副令人捉摸不透的伪善面孔。

贪官的会演表现在其言谈举止上，也颇见功底。他们可以做到话不离本，满嘴戏文，甚至把"廉政"二字时时挂在嘴上，布施于人。以表面给人的好感，掩盖其灵魂深处的龌龊。而且也擅长行为艺术，会使眼色，能心领神会，会两面三刀地四方讨好、八面玲珑，几招花拳绣腿，便使看客眼晕。

不管贪官如何能表演，但万变不离其宗，他们骨子里的那种黑心肠、厚脸皮，会时不时地显露人前。所以把握贪官的脉搏，识别其假相掩盖下的真面目，也并非难事，只要人们肯留心就成。

三窍曰：会钻。

贪官与庸官不同，他们并非无能之辈，为牟取私利，其智商、情商不谓不高。会钻营，则是他们求升的又一窍门。

贪官们懂得，那荣耀的官位，那迷人的权利，不是天上掉下的馅饼，靠守株待兔是等不来的，必须按照自我设定的目标，千方百计甚至不择手段地谋取才成。这谋取的过程，也就是钻营的过程。

他们是怎样钻营的呢?

一是会喊。与己有关时，他必叫“好”；与己有利时，他必言“妙”；大有所图时，他则喊“再来一个吧！要”。

要！要三山五岳听他调遣，要五湖四海归他独占。要天上三宝日月星，要地下三宝水火风，要人身三宝气血精……要完了西，再要东，尔后就用这“东西”架桥铺路搭台阶，自己好一步一步往上升。没有台阶，甚至不惜去踩他人的头顶。

二是会算。据说贪官对数学知识的运用颇为得心应手。既会加减乘除地算计人，也会除乘减加地算计事。不过这事是专为自己升官之事。比如，为拓宽自己的前程之路，他们说成绩一般都运用加法乘法，说问题一般都运用减法除法。不算它个领导微笑点头，不算出个当代风流，决不善罢甘休。就这样，会算的人清清楚楚，被算的人稀里糊涂。清清楚楚加上个稀里糊涂，因此，贪官们便进了一步又一步。

三是会蹿。喊到位了，算到家了，会蹿则是贪官们实施钻营计划的一大妙招。

他们有时像老鼠偷偷摸摸地蹿，有时像猴子灵活机动地蹿，有时像狐狸心怀叵测地蹿……蹿东家，找空子钻；蹿西邻，无孔也钻。左蹿右蹿，前蹿后蹿，下跳上蹿，大蹿小蹿……蹿你个喜笑颜也开，蹿你个地覆天也翻……只蹿得官门为自己大开，只蹿得日月都不敢抬脸……自古贪官都贻害百姓，古今贪官都留骂名。

贪官现象古已有之，治贪亦早有千方百计。不过，历史剧中那种盼清官、靠清官、等待救世主的草民心理，只是一厢情愿，已为当代文明社会所不取。如何治理腐败，消除贪官，最根本的还是要靠人民自己救自己，靠真正意义上的民主，靠提高自身素质，靠健全的法制措施（并坚决地施行之），靠几代人的久治不衰。当然，本文所唠叨的“三窍”，如果能起到堵其门道、断其路子、拆其梯子，使贪官求升之路不再畅行无阻，不至于爬得太高的作用的话，不妨也考而参之。那样，人们也许就真的会少发一声“赶走个孙悟空，怎么又来一个猴”的感叹了。

贪官“预报”

时间：是年夏天的一个下午。地点：某住宅内的电视机前。人物：某电视节目（虚拟）女主持人（简称主持人），观众甲，观众乙，以及甲乙两位男嘉宾。

主持人：各位观众，大家好？现在播送贪官“预报”。

观众甲：愕然。什么什么？有天气预报，空气指数预报，甚至地震预报，从来没有听说过贪官预报呀！

观众乙：别急，看她怎么说。

主持人：有一股从西边吹来的浊风，裹挟着一片铅灰色的云团，正在向偏东方向移动。这是一片不祥之云，它所经过的地方，会降酸雨，会下冰雹，对农作物，对花草树木，对外出行走着的人们以及弱小的动物，都会造成不同程度的损害。

观众甲：这讲的还是天气呀，和贪官沾得上吗！

观众乙（气呼呼地，一个电话打进了节目室）：你拿我们开涮呐！

（节目室：画面上现出三个人，除主持人外，另有两位男嘉宾出场）

主持人：希望大家不要误会了我们的意思。刚才这段话，是想告诉人们，贪官就像这样的一片云团，危害很大。能否及时发现贪官？他们有些什么特征？下面就请两位嘉宾谈谈关于对贪官“预报”的一些见解。

嘉宾甲：首先说明，“预报”只是根据当前存在的一些社会现象，从而进行的一种推断。这种推断，具有一定的猜测性，很难说完全正确，仅供参考而已。

嘉宾乙：下边所谈到的，也只是我们的个人观点，不代表法律，也不代表任何组织说话。

主持人：多虑了。大家愿意听听你们的高见。

嘉宾甲：从古今中外有据可查的贪官看，他们确有共同特征可资人们甄鉴。

嘉宾乙：从人类社会形态的演变看，贪官的出现与经济的发展有关。比如奴隶主的产生，就是在原始社会末期，由于人们狩猎所获的物资有了剩余，从中有人就发现不用再去劳累也能得到，于是，慢慢地就演变出现了奴隶和奴隶主——奴隶供奴隶主役使，奴隶主坐享其成。从一定意义上说，今日的贪官，就与当初的奴隶主有些相像。

嘉宾甲：从当前的一些贪官看，除了那些掌管钱、财、物、事权力的人有其“贪”的方便条件外，发生在一些企事业单位里的贪官，大都是因为那里的经济条件较好，他们才敢于动心，因而动手的。

主持人：所以，当一个单位的生产经营形势比较好时，更要谨慎行事，更要强化监督，不制作和提供生产贪官的温床。

嘉宾乙：贪官的另一个明显特征，就是他们都很自私，甚至自私得不可思议。

嘉宾甲：不错。他们以自己为中心，一切都绕着“我”转。比如，哪个上司对我有利，我就猛靠，管他是正是邪；哪个同僚是我的同盟，我就猛拉，管他是良是恶；哪个下属对我忠心，我就猛拽，管他是鱼是虾。而余者，皆视为异类，予以排斥之，打击之。至于做事，也颇为荒唐。正如一篇报道所言，10件事贪官只做好了一件，那做坏的9件就被遮掩起来，而这一件就会成为他们炫耀功绩的资本；10件事有9件是贪官暗箱操作，那公开的一件，就会成为他们大肆宣扬如何透明、如何公平、如何公道、如何公正的说词。随心所欲地制作假数字、泡沫政绩，几乎成了他们通用和惯用的手法。有些贪官就是靠弄虚作假、欺世盗名才一步步爬上去的。

嘉宾乙：还有一点，也须引起人们的警觉，即贪官为了达到他们的个人目的，总要给自己垒个乌龟壳，以便能攻能守，能进能退。把“顺我者昌，逆我者亡”这种封建主义的糟粕，咀嚼得津津有味。他们所使用的手段，有些是很卑鄙、很恶劣的。从一些涉及贪官的案件看，有的真是令人发指。如报载的华北某地一青年因坚持状告当地贪官，竟被县公安执法人员割掉了舌头，便是一例。

嘉宾甲：玩弄两面三刀，言行不一，甚至阳奉阴违，是贪官使用的又一法器。成克杰、胡长清堪称典型的两面派。他们说的是社会主义的话，走的是资本主义的路，干的是封建主义的事。他们几乎成了中国当代贪官的经典。

嘉宾乙：说起成、胡二人，不得不提到贪官的另一特征，即他们大都是些“女色爱好者”。当然，这里是指他们的专有“情人”。

嘉宾甲：为了情人，他们可以不顾自己的身份，不顾群众舆论。给情人金钱，给情人位子，给情人所要的一切。

嘉宾乙：贪官们自己哪有那么多！于是，动手拿，出手捞，伸手要——要官要权，要名要利，不要个天旋地转誓不罢休，这便成了他们恬不知耻的一种喜好。

嘉宾甲：说起要，不能不说说贪官的厚脸皮和黑心肠。

嘉宾乙：是这样，贪官们大都有一种“死猪不怕开水烫”的精神。对于群众的舆论，对于法纪法规，他们视而不见，听而不闻，我行我素，毫无羞耻感可言。他们所奉行的是，“过这村，就没这店”，管它三七二十一，先捞到手再说。捉贼要赃，反正你没有逮着，所有的“说法”也只是说法而已。

嘉宾甲：这种人，心肠更黑，他们什么都能做得出、干得来。有的同时又是个笑面虎。

嘉宾乙：所以，当人们无可奈何，又气愤得再也找不出恰当的词汇谴责他们时，只好背地里扔一个“坏人”“坏官”“无官德的官”的称谓给他们。

主持人：也许有人会问，听嘉宾讲了这么多，还是没有听到贪官是怎么“预报”的。其实，以上嘉宾所述，只是为我们识别贪官提供了一面镜子。您不妨用这面镜子也照照周围的某种人，或许有些贪官的形象，就会自然上镜了。

好了，节目就到这里。谢谢收看，谢谢两位嘉宾。再见！

观众甲、观众乙（同声）：噢！原来是这样啊（掌声）。

闲扯“用人”

一日众友聚会，因为七嘴八舌正上演的电视连续剧《三国演义》，不知不觉中便扯起了“用人”这个话题。

用人，即指用有胆有识有德有才之人，而绝非酒囊饭袋、昏聩贪婪之辈。

话虽这么说，但有时候一些缺德少才之人因了某种关系，靠了某种手段（有说这手段也不失为一种“能”者），免不了也会登上权力的持有者、决策者的位置。这种人爬上高位并不可怕，只要那些德才兼备之人仍在他们之上，人们的心里便也踏实，事业依然有望，只是做起事情来恐怕要麻烦点，倒是真的。

用人，即用由人的智慧之火提炼而成的良苦计谋或勇武精神。曹操谙此理，以弱胜强，大败袁绍；刘备信其道，以退为进，终于称王西蜀。假如袁绍也是个善从良谋之人，假如刘备没有诸葛亮鼎力相助，假如孙权不仰仗周瑜、陆逊，很难设想人们还能去演义什么“三国”！

用人的确是一门学问。曹操以威慑人，刘备以诚感人，孙权以恩施人，真乃各有高招。所以，才有那么多想乘坐他们的大船、从而实现个人夙愿之士为其效力。但也有如徐庶一言不发、身在曹营心在汉、且誓终身不事曹、而甘愿埋没一身才华者。

当然也有人辩解，像徐庶这样的人才，虽不能为曹出谋，但不为他人设计，实际也算帮助了曹操。有人还设想，假如曹操有诸葛亮这样的能人相助，历史又该是一个什么模样？诸葛亮为什么不去辅佐兵多将广的曹操？曹操又为什么不先于刘备去顾请诸葛亮呢？

得道多助，失道寡助。诸葛亮乃贤能之士，焉肯去事奸猾暴孽的曹操呢？（当然，真实的曹操与“演义”的曹操还是有差别的）

历史就是历史，早已容不得今人去作什么“设想”和“假如”了。

用人有信用、重用、利用之区别。这是王者心态，这是霸者手段，这是智者慧思。

通常说，被信用是一种幸运，以此，他可于事主同时，达到个人某种目的，实现自我价值；被重用是一种机遇，以此，他可崭露自己的聪明才华；唯被利用者最悲惨不过了。

吕布有勇无谋，只好被人利用；貂蝉承主人恩惠，且又是一弱女子，不被人利用奈何？曹操的军需官被利用，为稳定军心甘愿丢掉脑袋，可谓他忠心事主的一种选择……

君不见，在《三国演义》一场场能人斗智的战役中，那些军事指挥家们不都在从战略或战术上利用他人之势吗？

任人唯贤或唯亲，两种对峙的用人之道，直把个“三国演义”装扮得灿烂缤纷。

任人唯贤者唯才是举，无德能之人难以由此腾至高位。但明者也难免有用错人时，如诸葛亮用马谡。但由于他能及时纠过自省，并因此导演出一场“空城计”，反而增加了人们对他的景仰度。心理变态的袁绍则不同了，吃败仗不找自家原因，为顾及面子竟含羞杀死了曾经向他苦进良谋的帐下贤士。

善良的人们还须警惕：有些贪婪、无耻之辈，为达一己之私利，常常以假相掩其卑鄙，一旦骗取信任被举荐用之，其丑陋灵魂便会逐渐暴露，如当今那些窃取高位的贪污、受贿案犯者们。

论资排辈是任用贤臣良将的一道屏障，它像一块巨大的石板，愚顽而残忍地挤压着人才的发育成长。

刘备不论资排辈，所以才甘拜山野村夫为军师；孙权不论资排辈，所以才肯拜年轻的陆逊为统帅；曹操亦然，所以才有了关羽温酒斩华雄的千古绝唱。

当代改革大潮中的开拓者们也不论资排辈，他们敢叫能者上、平者让、庸者下，所以才使平川静野耸立起一簇又一簇魅人的风景。

遗憾与不安

前不久逛书店，偶尔发现东北某大学出版社今年初出版的一本叫做《精美散文》的图书里也收入了自己的两件作品，心里不胜惊喜。我一无名小卒，毕竟被人赏识了呀！然而，随着目光的扫描，这高兴劲儿还没有焐暖心窝，一下子就被驱赶得没了踪影。原因是那文中的差错的确多了些，有的错得简直离谱。

比如《面对草地》一篇（此文发表在《人民日报》大地副刊，尔后被《散文选刊》转载）的第四节第三行的原文是："会惊诧自己的心灵成为一片空白……"而在该书里却错成："会惊诧自己的心灵运动成为一片空白……"这不该增加的"运动"二字，感觉确实"很别扭"，令人遗憾。

该篇中的差错还有不少，仅举此一例。

再比如《峭壁上那棵酸枣树》一文（此篇刊登在《文艺报》，尔后被《散文选刊》转载）的第十自然段第一行的原文是："它明知道自己不可能荫庇四邻，"而在该书里却错成："客观存在明知道自己不可能荫庇四邻，"此句在开头弄丢了一个“它”字，天知道是从哪里又搬来了个令人费解的“客观存在”。

然而更使人不安的是，前几天我又收到某出版社寄来的一本样书，书的名字叫《中学生语文课外阅读第一册》，那书里亦收入了我八年前写的《峭壁上那棵酸枣树》一文（该书出版前，我曾收到过该出版社委托中国作协作家权益保障委员会转来的入选“协议书”，本人并签字）。可没想到该书所选的版本却是《精美散文》上的那篇。所以，那《精美散文》里的差错，也就一字不动地被“克隆”进了“课外阅读”之内（需说明的是，这是被选版本出的错，并非该出版社之误）。

面对如此差错，我的心开始忐忑了。因为这书是专给刚入中学的孩子们看的，据说发行量很可观，有几十万册呢。我在想，当孩子们阅读这篇文章时，他们能否识辨出文中的错讹？如果误导了人家怎么办！想来令人不免要生出些顾虑。也许，压根就无人问津这篇文章，我的担心纯属多余。若此，真要念声“阿弥陀佛”了。

根据上述情况，我真诚地吁请那些热心编书的人们（无论其出发点如何），一定要为读者想，为后人想（《精美散文》一书已经存入国家图书馆典藏库），也为作者想。再经心点，再精细些，再辛苦些，尽量少出差错，把所做的好事真正做好。

由《七步诗》《钗头凤》说起

有才能的人遭受有权势的人压制、排挤、甚至打击，古往今来并不鲜见。最典型的，当属三国的曹丕与之曹植，南宋的秦桧与之陆游了。

曹丕、曹植本是同胞兄弟，二人都善诗文，并同其父曹操齐名诗坛，被誉为“三曹”。而曹植，他在兄弟中表现得最有才能。曹操爱重他，不仅因为他长于文学，而且认为他“最可定大事”，所以曾考虑立他为太子。但因为他“任性而行”，动摇了曹操对他的信任。此议虽未实现，却因此招来了曹丕对他的猜忌。曹丕即位后便不断打击曹植，如杀掉曹植的拥护者，监视并限制他的行踪等，使曹植处于“身轻于鸿毛，谤重于泰山”的压抑之中，时刻为自己的安危提心吊胆。当曹丕藉口欲置曹植于死地，命他在七步的短时间内做一首诗，做不成就要“行大法”的时候，他躯壳中那个被苦难养育得羽翼丰满的诗魂，才一下子展翅飞扑出来，随口吟出“煮豆燃豆萁，豆在釜中泣。本是同根生，相煎何太急”的千古绝唱。

如果说曹丕逼迫曹植尚有那么点“政治过结”的话，那么南宋的陆游又妨谁碍谁了呢。

陆游“十二岁能诗文，荫补登仕郎，锁厅荐送第一”。“科举”是封建帝王选拔人才的重要途径，陆游参加朝廷科考，成绩优异，本应被重视、受重用才是。然而谁能料到优秀的人才、优异的成绩却成了罪过，他被弃之一边不说，而且不许闻问。根由就是陆游参加科考时，正好碰到与权倾一时的当朝奸相秦桧的孙子秦埙同在一榜，而且名列秦埙之前。所以这就引起了秦桧的震怒，还怪罪主考人员。因此，这陆游随之也就倒了大霉。他就像一块必须被抛掉的残砖断瓦一样，被当权者抛弃在了人世间的一个角落里。直到他三十四岁那年，秦桧死了，他才又被人记起，分派到福建的一个县里当了一名小官。

大浪淘沙，史海钩沉。在涌涌荡荡的宦海之中，人们至今之所以还能够记起陆游，正是陆游的九千多首诗词帮了他的大忙。而那首著名的《钗头凤》，则是人们喜爱陆游诗词的一个进入口。

红酥手，黄藤酒，满城春色宫墙柳。东风恶，欢情薄，一怀愁绪，几年离索。错！错！错！　春如旧，人空瘦，泪痕红邑鲛绡透。桃花落，闲池阁。山盟虽在，锦书难托。莫！莫！莫！

对于《钗头凤》产生的背景，人们早已熟知。但笔者在这里要说的是，该诗词除了表达诗人对旧情的怀恋，以及悔恨之心外，还有一个莫大的“怨”字充溢其中。他不但怨母亲拆散了自己与唐婉的恩爱，怨自己向封建礼教屈服，更怨朝廷如此腐败，自己报国虽有心，请缨却无路。在被逼无奈之下，与爱妻离异，原本就有去报效国家、成就功名的因素在内，没想到却落了个被排挤、遭遗弃的下场。从时间看，陆游题《钗头凤》一词时，也正值他被秦桧压制和排斥时期。试想，当初如果陆游仕途顺畅，春风得意，他是否还情思荡漾地有如此《钗头凤》的那种感觉，的确要另当别论了。因为，一个喜好攀爬升迁、只知追逐名利地位的人，是很难获得并体味这份人间真情的。

夜阑人静，读罢《七步诗》和《钗头凤》，心中不由生出些慨叹：如今的许多人似乎都在羡慕和认知古代“文明”，写了那么多有关“皇帝”的书籍，拍了那么多有关“王朝”的电视，直弄得充满“血腥”味的几千年封建统治社会简直成了一束美艳无比的花。稍懂些人类社会发展史的人都明白，那个黑黑长长以权力为轴心的社会“结构”，其实是很不合理、很不公平的，生活在那个“制度”下的“草民”、好人，一个个都被搞得非常凄惨。正如一位作家所言，是奸诈和邪恶与权力联姻繁衍出的妖孽，才酿成了那么多的人间悲苦。

由一个电话说起

周日在家，正想躺下午休。丁零零电话响。

“喂……”电话是远在老家的表姐的儿子打来的，我们从未见过面。

他告诉我，自己年近而立，大学毕业后分配在镇里工作，一干数年没挪过窝。和他一起毕业的同学，有的一分配就进了龙潭凤巢，有的在基层没干多久，也一翅膀攀上了高枝儿。这种情况，如果是凭了德才水平，心里倒也平衡，可实际却并非如此。他们中很多是因为有某种背景才获此殊遇的。电话的最终意思是：我在北京工作，大小也算个官儿，如果认识老家那边的什么政界要人，能否打个电话，告诉一下某某在你那里工作，希望对他“严格要求”。甭说别的，只这一句话就够了。

一个电话就行，多么微薄的要求！一句话就灵，多么敏感的父母官！可惜，我告诉他，我与老家人没什么联系，任何政界要人都不认识，只能靠自己去奋斗了。

这外甥或许处于了一个不利于年轻人成长的环境之中，

此心情可以理解。对于这个回答，他是否满意，我不得而知。但有什么办法呢，我确实没有这方面的能力，用眼下时兴的话说，是一个情商低下的人。不要说远处的老家了，就是北京也没有，否则也不至于自已的妻子下岗两年多了，甭说调转，就是体面些的临时工也没能找到。

我不想知道这话的是与否。但从多年来一些干部违纪、犯罪案件屡屡发生的情况看，我们在干部的选用上，确也有教训可吸取。比如发生在北京、海南、泰安等一些地方的领导干部腐败问题。那些一天到晚总琢磨自己升迁的人，很懂得“朝里有人好做官”的道理，所以他们为了升迁，便四处找银子，拼命挖门子，费尽心思谋法子，如遇上喜好“不看僧面看佛面”的领导，那好，这事也就八九不离十了。

这种人一旦升迁了，他们就不再是党的干部，而成了所谓“知恩图报”的人，或成为某个人的附属品。这种现象很有些像林彪、“四人帮”的结党营私，为了小集团的事，他们可以置国家与民族的利益于不顾，既能搞瞒天过海，又会玩丢卒保车，三十六计，计计在行。

人们常说十年树木、百年树人。眼下我们正进行的现代化大业，的确需要一大批跨世纪人才。这批人才，有人试图界定在三十五岁左右，其理由在于只有这个年龄的人，才能挑起跨越两个世纪的担子。至于这话科学与否，且不管它，但祖国需要培养和造就一批年轻人来继承事业，却是不容置疑的现实。所以，在选人用人问题上，不论是管官的人，当官的人，还是想升官的人，都有责任有义务，把一个健康美好的祖国带入21世纪。那种谁有根子谁硬、谁有门子谁进、谁有法子谁钻、不利于引导青年成长的歪门邪道，人们唾弃它，是有理由的。

只说“道”德

此“道”非彼“道”。此“道”乃道路之“道”。

说的是三更半夜，人们正在熟睡，忽有汽车从小区门前急驶而过。过就过吧，大路朝天，各行一边，谁也没有说不让谁走。然而不知为何，就有那个别司机非要把尖利的喇叭声刺入你的梦乡不可。这一声不打紧，瞧吧，那爱失眠者这一夜就甭想再去游览梦乡了。若是家有幼儿被突然惊醒，他可不管三七二十一，哭闹起来不折腾你个浑天黑地绝不罢休。倘若墙壁隔音不好，那邻居也只好跟着一起“欣赏”此起彼伏的夜半共鸣了。

然而，这仅仅是“行道”乏德者之一，若悉数那些缺此“道”德者还真不鲜见。

笔者一次与几位好友在郊区路边散步，一辆运沙子的汽车开来，那车经过大家身边时，竟有人从车上用沙子撒向走在前面的两位女士。幸亏她们背对了汽车，否则，说不定还会有人被沙子迷了眼睛呢。还有一次，笔者在长安街上，目睹有人从一辆黑色轿车的车窗里抛下一把瓜子皮。瓜子皮顿时狂飞乱舞，活像一群肮脏的苍蝇，玷污着洁净的长街。笔者一朋友，就因为几年前被车上抛下的易拉罐砸过一次，至今心有余悸，每见有车从身边驶过，都要捏着一把汗，以防万一。想想雨天水地时，路边行人因个别司机在大街上不管不顾地疾驰，为此吃苦头者恐怕也不在少数。至于大街上、胡同里，那些乱停乱放的汽车、摩托车、三轮车们，更是举不胜举。还有的甚至占据了盲道也满不在乎，当有人指出时，车主还振振有词：自打这盲道修好，也没见有几个盲人经过，简直多余。瞧瞧这些人的理念。也许他们压根就没想过：一个国家，一个社会，一个地区，以及那里的人们，对待盲人，即弱者的态度，可是代表着那里的公共文明程度呀！

更有一些人，竟把失此道德现象“普及”到了大大小小的角落。

城市发展，人口拥挤，地亩稀缺，人们的居住只好往空中挺进，于是，高楼大厦层出不穷。为方便特殊人群的进出方便，有的在大楼门口还特别设计、修建了轮椅、婴儿车道。就是这么一条窄窄的过道，有的人也不肯放过。比如笔者居住的这地儿，过道就常常被人用自行车或堆放的杂物堵塞。每遇这种情况，欲行此道者，若是婴儿车，家长动下手挪开就成了；若是轮椅们经过麻烦可就大了，只能求人帮忙，把障碍搬走。

仅过去的一年里，笔者就帮人搬挪过这道上的几次物件。偌大一座城市，相信此现象，并非此一处仅有，也并非笔者一人所历见。

时下，我们的国家正在建设和谐社会，而文明，则是和谐社会的重要元素之一。文明是什么？它有如天上的日月星，地下的水火风，体内的气血津。看去，好像可有可无，实则时时处处都缺失不得。社会生活一旦短缺了它，心灵的天空就会一片黑暗、死寂、枯竭。所以，在构建和谐社会、推助公共文明的时代背景下，培养和提高整个中华民族的文明素质才显得尤为重要；人的良好素质的养成，也就成了利人同时也能利己、不可或缺的大事情。人们不是常说要为“文明”做贡献、要为人间送温暖吗？其实这贡献和温暖，不只是捐献了什么什么，也不只是在一项什么时髦活动中做了些什么什么，而更重要的是在于平时点点滴滴的行为里，在于对待周围的大事小情中，是否像日月星、水火风、气血津那样，默默无闻地付出了春雨润物般的真情，在于时时处处是否能为他人的方便多想一点点，多做一点点。

图书在版编目（CIP）数据

漂泊的心灵 / 张庆和著．—北京：民主与建设出版社，2019.9

（名家散文自选集）

ISBN 978-7-5139-2632-4

Ⅰ．①漂… Ⅱ．①张… Ⅲ．①散文集—中国—当代 Ⅳ．① I267

中国版本图书馆 CIP 数据核字（2019）第 191068 号

漂泊的心灵

PIAOBODEXINLING

出 版 人　李声笑
总 策 划　李继勇
著　　者　张庆和
责任编辑　刘　芳
封面设计　宋双成
出版发行　民主与建设出版社有限责任公司
电　　话　（010）59417747　59419778
社　　址　北京市海淀区西三环中路 10 号望海楼 E 座 7 层
邮　　编　100142
印　　刷　三河市冠宏印刷装订有限公司
版　　次　2019 年 10 月第 1 版
印　　次　2019 年 10 月第 1 次印刷
开　　本　787mm × 960mm　1/16
印　　张　19 印张
字　　数　250 千字
书　　号　ISBN 978-7-5139-2632-4
定　　价　39.80 元
